기독교문서선교회 (Christian Literature Center: 약칭 CLC)는 1941년 영국 콜체스터에서 켄 아담스에 의해 시작되었으며 국제 본부는 미국 필라델피아에 있습니다. 국제 CLC는 59개 나라에서 180개의 본부를 두고, 약 650여 명의 선교사들이 이동도서차량 40대를 이용하여 문서 보급에 힘쓰고 있으며 이메일 주문을 통해 130여 국으로 책을 공급하고 있습니다. 한국 CLC는 청교도적 복음주의 신학과 신앙서적을 출판하는 문서선교기관으로서, 한 영혼이라도 구원되길 소망하면서 주님이 오시는 그날까지 최선을 다할 것입니다.

피로 회복

Recovery by Jesus Blood
Written by Munsung Lee
All rights reserved.
Korean Edition Copyright ⓒ 2023 by Christian Literature Center, Seoul, Korea.

피로 회복

2023년 7월 20일 초판 발행

지 은 이 | 이문성

편　　집 | 추미현
디 자 인 | 박성숙 김애영
펴 낸 곳 | (사)기독교문서선교회
등　　록 | 제16-25호(1980. 1. 18.)
주　　소 | 서울특별시 동대문구 천호대로71길 39
전　　화 | 02-586-8761~3(본사) 031-942-8761(영업부)
팩　　스 | 02-523-0131(본사) 031-942-8763(영업부)
이 메 일 | clckor@gmail.com
홈페이지 | www.clcbook.com
송금계좌 | 기업은행 073-000308-04-020 (사)기독교문서선교회
일련번호 | 2023-62

ISBN 978-89-341-2567-9(03230)

이 책의 출판권은 (사)기독교문서선교회가 소유합니다.
신저작권법에 의하여 한국 내에서 보호를 받는 저작물이므로 무단 전재와 무단 복제를 금합니다.

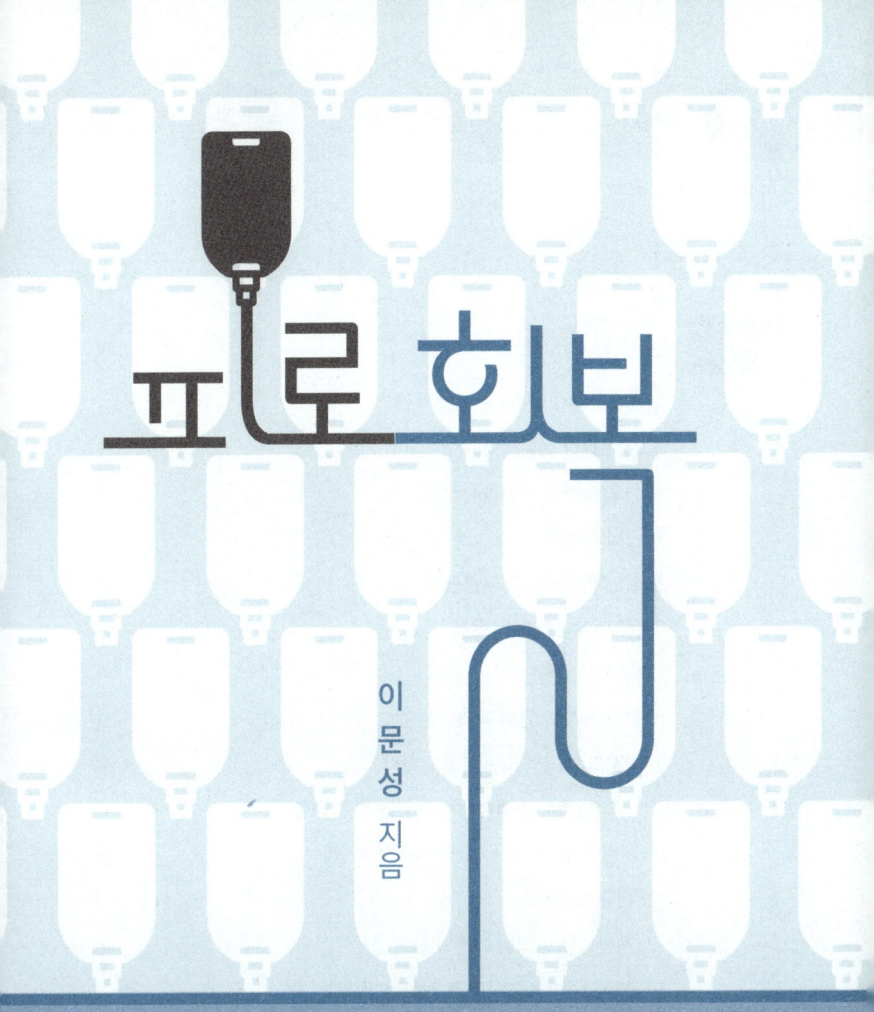

프로회복

이문성 지음

성경 묵상과 삶의 체험이 어우러진 젊은 목사의 사자후

"결국, 교회 문턱을 넘지 못하는 신앙이 문제다.
하나님께 큰 축복을 받았음에도 그것을 독식하는 성도들의 이기심 말이다!"

CLC

 목차

프롤로그   7

제1장   낡지 않은 배낭   10

1. 하나님께서 바라시는 참된 목회   11
2. 같은 일을 행함이라   16
3. 성도의 신앙이 성장하려면   20
4. 만나와 놋뱀   26
5. 고난과 깨달음의 상관관계   31
6. 돈으로 살 수 없는 은혜   35
7. 책임지는 목회자   39
8. 선한 목자와 함께 동역하는 것   44
9. 복지가 아니라 복음이 필요하다   48
10. 하나님께서 기뻐하시는 구제와 복음 전도   54
11. 사람에게 보이려는 사역에서 벗어나라   58
12. 진규의 아버지   64
13. 계산하는 방식이 나쁜 이유   66
14. 전도는 하나님의 '의'를 전하는 것이다   69
15. 성도가 가진 소유는   75
16. 나는 왜 이웃을 사랑하지 못할까?   78
17. 성도의 영혼을 병들게 하는 목회자   82
18. 하나님께 상의드려야지   86
19. 신학교에 전도하러 갑니다   90
20. 기도 운동과 행함의 상관관계   94

| 제2장 | 피로 회복 | 97 |

1. 회개했음에도 왜 변화되지 않을까? — 98
2. 나는 돈 밝히는 전도사였다 — 104
3. 하나님의 실존을 바라보라 — 110
4. 알곡인가? 쭉정이인가? — 114
5. 누가 천국에서 큰 자인가? — 119
6. 내가 바리새인이라니 — 122
7. 자기를 증명하려는 이유 — 126
8. 기도하는 사람은 늘 감사한다 — 131
9. 교회인가? 공연장인가? — 135
10. 아첨하지 말라 — 138
11. 담박하고 간소한 삶 — 141
12. 예수 안의 참 행복 — 143
13. 반응은 중요하다 — 147
14. 너와 함께할 수 없을 것 같아 — 150
15. 빚진 자의 마음을 품고 — 153
16. 잊을 수 없는 한 마디 — 157
17. 죄를 숨기면 변화될 수 없다 — 161
18. 표적을 구하는 신앙 — 164
19. 앎과 교만함 — 169
20. 사람의 기쁨을 구하면 — 172
21. 인색함을 버리라 — 175

제3장 복음 본색

1. 참된 가치의 깨달음과 복음 전파
2. 은혜를 아는 자
3. 빈손을 사용하시는 이유
4. 성도의 안전은 어디에서 오는가?
5. 겸손함은 자기 자리를 인정하는 것으로부터 시작된다
6. 겸손한 마음이 필수다
7. 하나님의 의도를 파악합시다
8. 천국 잔치에 들어가려면
9. 주께서 더 신뢰하신다!
10. 메로스를 저주하라
11. 세상 풍속에 물들면
12. 갈릴리를 거부한 까닭
13. 구원의 훼방자 아히만, 세새, 달매
14. 받은 말씀에 순종하라
15. 공식 없는 해답
16. 이방인과 통혼하지 말며

에필로그

프롤로그

> 하나님 아버지 앞에서 정결하고 더러움이 없는 경건은 곧 고아와 과부를 그 환난 중에 돌보고 또 자기를 지켜 세속에 물들지 아니하는 그것이니라 (약 1:27).

오늘날 교회는 발전하는 사회가 안겨 주는 혜택을 등에 업고 엄청난 속도의 성장을 이뤄 온 것이 사실이다. 화려한 조명과 첨단 음향 시설 그리고 사람의 이목을 사로잡는 여러 프로그램과 지식으로 넘쳐 나는 목회자들의 설교가 교회를 더욱 돋보이게 한다.

그럼에도 사회의 혼돈은 끝이 없고, 외로움과 연약함에 놓여 있는 성도들이 좀처럼 줄어들지 않는 이유는 무엇일까?

안타깝게도 현대 목회에서는 가난하거나 소외된 외로운 성도들을 찾아가 아픔과 상처를 보듬고 위로하며 기도하는 일이 점점 중요한 가치로 다루어지지 않는 모습을 발견하게 된다. 시스템을 구축해 사람들을 교회로 불러 모으는 실력은 탁월하지만, 고통의 소리를 들어주며 함께 아파하고 공감하는 목회자의 은사는 점점 변질되어 가는 것이 아닌가 하는 것이 솔직한 심정이다.

이로 인해 그동안 목회자로 헌신해 오면서 마음 한편에 풀리지 않는 질문이 있었다.

'과연 하나님이 기뻐하시는 참된 목회란 무엇일까?'

목회를 세상의 가치 기준으로 이해해 일명 내로라하는 목사가 된다든지, 개인적으로 계획한 야망을 성취하는 것이 마치 성경이 말하는 참목회로 이해하는 경향이 일반화되어 있다.

하지만 그러한 현상을 바라보며 씁쓸한 마음을 숨길 수 없다. 성경이 양을 위해 목숨을 버리는 참목자에 대한 메시지를 한순간도 멈춘 일이 없기 때문이다. 부를 독식하며 권력과 향락을 즐기는 삶을 목자의 권리라고 말씀한 곳은 더더욱 한 구절도 없다. 그래서 참된 목회는 한 영혼의 구원을 위해 목숨까지도 아낌없이 내어 주기를 마다하지 않는 삶이라 믿어 의심치 않는다.

글을 쓰는 동안 감사하게도 성령께서 주님과 같이 한 영혼을 사랑으로 섬겼던 기억보다 사람과의 관계에 더 신경을 쓰고 하나님의 영광을 가장하여 나의 영광에 집중하며 신앙생활을 해 온 나를 돌아보게 하셨다. 지금도 세상의 향락을 추구하던 그 시절을 회상하면 쥐구멍이라도 숨고 싶은 심정이다.

하지만 하나님은 속물근성으로 가득한 나를 포기하지 않으셨다. 개인적인 유익이 없다고 여겨지고 당장 눈에 보이는 성과가 없을지라도 한 영혼을 찾아가 열심히 복음으로 위로하고 섬기는 목회자로 차츰 다듬어 가신 것이다.

이 책은 하나님이 기뻐하시는 참된 신앙생활이 무엇인지 고민하는 가운데 경험했던 하나님의 은혜를 중심으로 기록했다. 이 책이 출판될 수 있도록 힘써주신 '에벨선교교회'의 동역자들과 성도들께 진심으로 감사드린다.

바라기는 기복적인 신앙을 초월해 참된 경건과 이웃 사랑을 추구하고, 내 것을 나눔으로 하나님을 뜨겁게 사랑하는 일에 작은 동기 부여가 될 수 있다면 족한 마음으로 이 책을 헌신할 것이다.

제 장   *Recovery by Jesus Blood*

낡지 않은 배낭

너희 소유를 팔아 구제하여 낡아지지 아니하는
배낭을 만들라(눅 12:33).

1. 하나님께서 바라시는 참된 목회

> 예수께서 모든 도시와 마을에 두루 다니사 그들의 회당에서 가르치시며 천국 복음을 전파하시며 모든 병과 모든 약한 것을 고치시니라(마 9:35).

신학교에서 선후배로 관계를 맺은 목사님이 어려운 형편 가운데 목회를 하시면서 외로이 명절을 보내신다는 소식이 들려왔다. 아내와 함께 상의한 끝에 정성스럽게 음식을 준비해 전해 드렸다. 그리고 내친김에 평소에 교제를 이어오고 있는 개척 교회 목회자 두 분에게도 방문해서 적은 금액이지만 봉투에 담아 쌀과 함께 마음을 전해 드렸다.

마지막으로 찾아간 곳은 재래시장에서 곡식을 판매하며 장사로 생활하시는 권사님이다. 한 평 남짓 작은 가게에서 편히 앉을 공간도 없이 온종일 애쓰시는 권사님에게 준비해 간 과일을 챙겨드리며, 사업장에 하나님 아버지의 은혜가 충만하게 부어지기를 간절한 마음으로 기도하고 말씀으로 위로해 드렸다.

바쁜 하루였지만 일정을 마치고 집으로 돌아오는 길에 가슴 깊은 곳에서 밀려오는 주체할 수 없는 기쁨으로 얼마나 감사했는지 모른다. 작은 것이지만, 누군가에게 나누고 베푸는 것으로 위로가 될 수 있다는 것이 얼마나 감사한 일인지, 그런 기회를 소중히 여기고 섬기며 살 수 있는 마음을 주신 것이 얼마나 큰 은혜인지 돌아오는 내내 감사와 찬양이 절로 나왔다. 그리고 문득 이런 생각이 들었다.

'참된 목회를 한다는 것은 어떤 것일까?'
'강단에서 열을 올리며 잘 다듬어진 설교로 성도들에게 감동을 주는 것일까?'
'불철주야 쉼 없이 사람들을 불러모아 커다란 예배당을 채워 가는 것일까?'
'지역 주민들에게 다양한 혜택을 제공해 영향력을 넓혀 가는 것인가?'

많은 생각이 머리를 스쳐 갔다. 그러면서 오늘의 여정을 통해 이런 생각을 할 수 있었다.
'진짜 목회는 예수님처럼 한 영혼을 위해 복음 전하고자 먼 곳이라 할지라도 주저함 없이 달려가는 것이 아닐까?'
'이 땅엔 목회자들이 넘쳐 난다. 그런데 왜 아직도 외로움과 연약함에 놓여 있는 성도들은 줄어들지 않는 것일까?'
사회가 변하고 교회는 엄청난 성장을 거듭하고 있으나 가난한 성도들이나 외로움 가운데 있는 성도들을 찾아가 아픔과 상처를 보듬어 위로하며 기도하는 일은 목회에서 점점 중요하게 여겨지지 않는 듯하다. 누군가 알아주지도 않고 많은 유익이 되지 않아 보여서 그런지 목회자들이 한 영혼을 찾아가 애환을 나누고 교제하며 기도하는 모습이 점점 사라져 가는 것 같아 매우 안타깝다.

하나님이 바라시는 참 목회란, 나에게 유익이 없고 눈에 보이는 성과가 없을지라도 한 영혼을 위해 찾아가서 열심히 복음으로 위로하고 섬기는 것이라는 생각에는 변함이 없다. 그러한 사역이 하나님에게도 큰 기쁨이 된다고 성경에서 말하고 있기 때문이다.

야고보서 1: 27에서도 하나님이 기뻐하시는 참된 경건은 고아나 과부와 같은 연약한 자를 위해 수고하는 것이라 말하지 않는가!

그래서 더욱 목회자는 복음이 필요하고 연약한 성도들을 찾아 나서야 한다고 생각하는 것이다. 이러한 과정에서 목회자는 주님의 마음을 더 깊이 품을 수 있게 된다(약 1:25).

예수님이 비유로 주신 탕자의 이야기는 큰 은혜가 된다. 아버지로부터 유산을 챙겨 나갔던 아들은 모든 재산을 탕진해 품꾼으로 살면서 돼지가 먹는 쥐엄 열매로 배를 채우며 지냈다.

> 그가 돼지 먹는 쥐엄 열매로 배를 채우고자 하되 주는 자가 없는지라 (눅 15:16).

하지만 그것마저 쉽지 않았다. 얼마나 고생했는지 더는 버티지 못하고 결국 아버지의 집으로 돌아오게 된다. 그리고 아버지의 아들로 살기를 거부하고 자기를 품꾼의 하나로 여겨 달라고 한다.

지난날 아버지 집을 떠나 흥청망청 살다가 모든 것을 잃어버린 뒤 품꾼과 같은 처지에 놓여 보았기 때문에 이제는 아들이 아닌 품꾼으로 여겨 주는 것만으로도 감지덕지하는 것이다. 어려움과 위기를 경험하게 되면 그러한 처지에 있는 이들을 더욱 공감하게 된다.

그러나 고생과 어려움을 경험해 보지 못한 첫째 아들은 품꾼의 삶이 어떤 것인지 공감되지 않았기 때문에 약자인 동생을 위해 헌신하고 희생하는 것은 전혀 쉽지 않았다.

첫째 아들은 자기 동생의 처지를 헤아리기보다, 아버지의 집에서 품꾼이 되기를 바라는 동생의 마음을 챙기며 위로하기보다 질투에 사로잡혀 벗들과 함께 향락을 즐기는 것 외에는 여념이 없었다.

말씀을 듣고 회개하면 비로소 내가 얼마나 완악한 사람인지 깨닫게 된다. 금식하며 기도와 회개로 주님께 시간을 드리면 분명 하나님이 부어 주시는 은혜에 감사할 수 있게 된다. 나아가 하나님께 받은 은혜에 이끌려 어려운 이웃을 위해 구제하며 섬기고자 하는 선한 마음도 품을 수 있게 된다.

그래서인지 하나님은 지금도 자기가 완악한 죄인임을 알고 회개하는 자를 기다리신다. 고난을 자청해 회개하기를 힘쓰고 어려운 이웃의 처지를 몸소 경험할 때 이 땅에 임재하시는 하나님의 평안을 체험하게 된다.

하나님이 바라시는 참된 목회란 무엇인가?

세상 가치와 같은 기준으로 야망을 꿈꾸는 목사의 삶은 성경이 말하는 참목자와 거리가 멀어도 너무나 멀다. 축복을 독식하며 향락을 즐기는 쾌락은 더더욱 아니다. 참 목회는 한 영혼의 구원을 위해 내게 주신 모든 것으로 헌신하는 것을 마다하지 않는 삶이라 믿는다.

2. 같은 일을 행함이라

> 어찌하여 형제의 눈 속에 있는 티는 보고 네 눈 속에 있는 들보는 깨닫지 못하느냐(마 7:3).

장년 성도가 열 명 정도 되는 서울 변두리 아주 작은 교회에서 전도사로 섬길 때 있었던 일이다. 오랜만에 새로운 성도 한 분이 교회에 등록했다. 그런데 이상하게도 반가워하는 사람이 아무도 없었다. 오히려 하나둘 불편해하는 듯한 느낌을 받았다.

그도 그럴 것이 등록하신 성도는 구십 세를 앞둔 풍채가 좋으신 권사님이셨는데 대소변을 가리기 어려울 정도로 몸이 불편한 상태였다.

동네에 있는 작은 교회며 큰 교회며 할 것 없이 이리저리 순회하시다가 마침내 우리 교회로 오게 되었다고 말씀하셨다. 그때, 나는 궁금했다.

'왜 다른 교회에서는 정착하지 못하셨을까?'

나는 이내 그 이유를 알 수가 있었다.

그분이 앉았던 자리에는 늘 소변 냄새가 진동했다. 주변이 소변 냄새로 진동하니 누구 하나 다가가려 하지 않았다. 예배가 끝나도 누구 하나 도와주려 하지 않았다. 결국, 성도들은 목사님에게 불편함을 호소하기 시작했고 한 달이 채 되지 않아 그 권사님은 더 이상 우리 교회에서 얼굴을 볼 수 없었다. 나는 이래서는 안 된다는 생각이 들었다.

소변 냄새가 나고, 손이 많이 가는 성도라고 해서 어떻게 다른 교회에 다니라고 요구할 수 있겠는가?

한참 동안 섬기는 교회를 비판하고 있을 때 문득 예전에 사역하던 교회에 필리핀 학생들이 방문했던 일을 떠올리게 되었다.

당시 교회에 방문했던 필리핀 학생들의 머리에는 '이'가 너무 많았다. 조금 과장되게 이야기하면 참빗으로 한 번만 쓸어내려도 이가 우수수 떨어질 정도였다. 그때 나는 그런 필리핀 학생들과 거리를 두고 혹시 '이'가 옮지는 않을까 하여 몸을 사리고 있었다. 모두가 그 아이들을 안아주고 환영할 때도 가까이 하지 않았다. 심지어 나는 신학교에서 선교학을 전공한 목사였는데 말이다.

때로는 다른 사람의 잘못을 보면서 쉽게 정죄하고 나는 안 그런 것처럼 행동할 때가 있다. 그런데 곰곰이 생각해 보면 나도 그들과 다를 것이 없었던 사람이라는 것을 금방 알아차릴 수 있다.

> 그러므로 남을 판단하는 사람아, 누구를 막론하고 네가 핑계하지 못할 것은 남을 판단하는 것으로 네가 너를 정죄함이니 판단하는 네가 같은 일을 행함이니라(롬 2:1).

예수님은 남의 들보(허물)를 보지 말고 나의 티(죄)를 봐야 한다고 말씀하셨다(마 7:3). 그러나 남의 허물은 너무 크게 한눈에 보이지만 나의 죄는 쉽게 보이지 않는다는 것이 문제다.

예배를 드리는 목적이 무엇인가?

종교 의식을 통한 마음의 위로를 얻기 위한 행위인가?

그렇지 않다. 여러 이유가 있으나 그중 가장 주된 목적 하나를 말한다면 하나님께 영광을 돌리는 것이다. 그리고 내게 주시는 말씀을 통해 얼마나 완악한 죄인인지 깨닫고 날마다 말씀으로 성화 되는 것이라 할 수 있다. 이렇게 자기의 죄를 알게 되면 연약한 이웃을 정죄하기보다 사랑할 수 있게 되는 변화가 생기기 마련이다.

> 예수께서 이르시되 네 마음을 다하고 목숨을 다하고 뜻을 다하여 주 너의 하나님을 사랑하라 하셨으니 이것이 크고 첫째 되는 계명이요 둘째도 그와 같으니 네 이웃을 네 자신 같이 사랑하라 하셨으니(마 22:37-39).

성경은 이웃을 사랑하는 것이 하나님을 사랑하는 것이라고 말하고 있다. 죄 많은 우리는 다른 이들의 허물을 드러내면서 자기의 의로움을 자랑하는 것을 즐겨한다. 하지만 성경은 이런 행동을 결코 하나님을 사랑하는 성도의 모습이라고 조언하지 않는다는 것이다.

성경은 내가 소중한 사람인 것처럼 이웃 역시 그렇게 소중한 존재라고 한다. 내가 사랑받아야 하는 것처럼 이웃도 그렇게 사랑받아야 하는 존재라는 것을 강조한다.

> … 네 이웃을 네 자신 같이 사랑하라 하셨으니(마 22:39).

하나님을 사랑한다고 말하면서도 정말 사랑이 필요하고 도움의 손길이 필요한 이들을 외면하는 것은, 어쩌면 역설적으로 이렇게 외치고 있는 것은 아닌지 모른다.

나는 하나님을 사랑하지 않습니다!
나는 말씀을 믿지 않습니다!
나는 그리스도인이 아닙니다!

3. 성도의 신앙이 성장하려면

> 그는 시냇가에 심은 나무가 철을 따라 열매를 맺으며 그 잎사귀가 마르지 아니함 같으니 그가 하는 모든 일이 다 형통하리로다(시 1:3).

얼마 전 차를 타고 가면서 문득 도로변에 심겨 있는 가로수가 눈에 들어왔다. 차로의 한편에 가로수는 보기 좋게 자라 풍성한 자태를 뽐내고 있었다. 하지만 반대편 가로수는 보잘것없이 앙상한 가지들만 하늘을 향하고 있었다.

조심스럽게 서행하면서 유심히 관찰해 보니 양편 가로수는 입지가 서로 다르다는 것을 알게 됐다. 바로 양지와 음지의 차이였다. 한편은 눈이 부시도록 밝은 햇살이 나무가 자라기 적절한 환경을 조성해 주는 반면, 반대편 가로수는 뒤편 야산에 가려 종일토록 햇빛이 들지 않는 음지였다.

누구나 아는 상식이지만 토양이 가진 양분과 함께 햇빛으로 인한 광합성 작용은 식물 성장에 중요한 영향을 미치는 필수 요소다. 양분이 풍부해도 적당한 햇빛을 공급받지 못하면 스스로 필요한 양분을 공급하지 못하기도 하고, 필요한 에너지를 만들어 내지도 못해 심지어 죽음에 이르기도 한다.

나무의 성장에 있어 햇빛으로 인한 광합성 작용이 절대적 기본 요소라고 한다면 건강한 성도의 신앙생활과 성장을 위해서는 말씀과 기도가 바로 그 기본 요소가 아닌가 생각한다. 생기 있는 신앙생활, 성장하는 신앙생활을 유지하려면 반드시 말씀을 읽고 묵상하며, 그 말씀을 중심으로 끊임없는 기도가 계속되어야만 한다는 것이다.

말씀은 중요하게 여기면서 기도는 게을리하거나, 기도는 열심히 하면서 말씀 읽기는 소홀히 여긴다면 마치 그늘에 심겨있는 가로수와 같아질 뿐이다.

그래서 시편 기자는 성장하는 성도를 시냇가에 심은 나무로 비유한 것이다. 시냇가에 심은 나무는 풍부하게 공급되는 물과 끊임없이 공급되는 햇빛에 작용되어 날마다 성장하며 풍성한 가지를 뻗어 나간다. 그리고 마침내 아름다운 열매까지 맺게 된다.

마찬가지로 빛이 되는 말씀을 날마다 묵상하며 그 작용으로 눈물의 기도를 하게 되면 성령께서 주시는 은혜로 풍요로운 신앙생활을 이어가게 되는 것은 당연한 결과이다. 이처럼 그리스도인의 성장에 말씀과 기도는 절대적 관계임이 분명하다.

솔직히 이러한 사실을 모르는 성도들은 거의 없다. 구체적으로 어떻게 해야 그렇게 살 수 있는 것인지 방법을 잘 모른다거나 알고 있어도 실천하는 것을 마다하는 사람이 있을 뿐이다. 문제는 혼자서 성경을 묵상하면서 씨름하다 보면 이해하기 어려운 말씀에 부딪혀 포기하기 일쑤고, 또 성경을 충분히 알지 못하니 하나님의 뜻을 따라 목소리 높여 매일 성령이 충만하게 기도하는 일도 쉽지 않게 된다.

게다가 목회자가 '성경을 읽어라, 기도를 하라' 하면 어쩔 수 없이 대충 성경책을 펼쳐 읽다가 의미 없는 기도로 시간을 보내게 되기도 한다.

그러니 그리스도인의 신앙생활에 어찌 생명력 있고 활력있는 변화가 일어날 수 있겠는가?

> 요한이 세례받으러 나아오는 무리에게 이르되 독사의 자식들아 누가 너희에게 일러 장차 올 진노를 피하라 하더냐 그러므로 회개에 합당한 열매를 맺고 속으로 아브라함이 우리 조상이라 말하지 말라(눅 3:7-8).

사람들은 미개인처럼 낙타털 옷을 입고 메뚜기를 잡아먹는 그의 무엇에 이끌려 찾아 나갔던 것일까?

시대를 불문하고 영적으로 갈급한 자들은 언제 어디에나 있기 마련이다. 최소한 세례 요한을 찾아 광야로 나간 사람들은 보이는 육신의 세계보다 보이지 않는 영의 세계를 더 소중하게 여기며 영적 필요를 찾아 나선 이들이라 할 수 있다.

그런 사람들은 자기의 겉모습을 꾸미고 가꾸기보다 영혼의 갈급함에 더 깊은 관심을 두고 살아 가는 것이 특징이다. 세례 요한은 그런 이들에게 분명 특별한 선생으로 보였을 것이다.

세상을 뒤로하고 광야에 머물며 회개의 세례를 전파하였던 그에게서라면 당시 종교 지도자들로부터 충족되지 못하였던 진리의 말씀을 기대하며 그를 찾았을 것이다.

광야에 이르러 세례 요한을 만났을 때 그에게서 따뜻한 환대를 받은 것도 아니다. 기대한 필요와 갈급함을 채워 주기보다 죄와 허물을 지적받으며 도리어 그들의 심령은 더욱 무겁게 되었다. 하지만 그러한 세례 요한의 고언은 갈급한 영혼에 오히려 약이 되었다. 자기조차도 알지 못하였던 허물은 드러났지만, 그로 인해 회개할 기회가 생겨나기 때문이다.

> 가르침을 받는 자는 말씀을 가르치는 자와 모든 좋은 것을 함께 하라 (갈 6:6).

성도가 말씀으로 무장해 기도로 성장할 수 있는 유익한 방법 가운데 하나는 복음과 말씀에 충실한 목회자와 삶을 나누는 것이다. 그러한 목회자를 영적 아비로 삼아 겸손하게 배우고 힘을 다해 기도하며 동역하는 삶은 하나님이 성도에게 바라시는 거룩한 신앙생활이기도 하다.

하지만 대개는 목회자와의 관계를 불편해 하고 부담스럽다며 멀리하려는 것이 일반적이다.

> 목사님과 같이 있으면 불편해요. 밥 먹을 때도 눈치 봐야 하고요. 먹고 싶은 것도 마음대로 못 먹잖아요. 그리고 내 삶에 숨기고 싶은 죄들이 드러날까 봐 걱정돼요.

 나 역시도 지난날에는 목회자와의 관계가 쉽지 않았고 힘들었다. 그도 그럴 것이 믿음 좋은 척하며 더 의로운 사람처럼 보이려 노력해야 했기 때문이다. 목회자에게 겉으로는 좋은 모습을 보여 줄 수 있었지만, 내 신앙은 외식에 익숙해져 갔다.
 그러던 어느 날, 한심한 내 영혼의 실체를 보게 되었을 때 충격을 받아 더는 그럴 수 없었다. 갈급한 영혼을 끌어안고 주님 앞에 나아가 간절하게 부르짖으며 내 상황을 하나님께 아뢰게 되었다. 그리고 그때 하나님은 내게 소중한 멘토들을 보내 주셨다.
 보이지 않는 하나님을 신뢰하며 믿음으로 사는 것이 얼마나 어렵고 힘든 일인지 나도 잘 안다. 수많은 결심 속에서도 실패를 반복하고, 잘 나가는 듯하다가도 죄로 무너져 내리기를 얼마나 거듭해 왔는지 말이다. 이러한 나에게 주님은 여러 멘토를 보내 주셨고 그로 인해 주님의 음성을 들으며 기도하므로 성장해 나갈 수 있었다.
 일반적으로 성도와 목회자의 관계가 어려울 수 있으나, 내 영혼을 부요케 하시는 주님이 내게 주시는 목자요, 선생이요, 가르치는 자라는 사실을 아는 것이 필요하다. 목자를 통해 나를 인도하시는 하나님의 사랑을 알게 되면 목회자는 어려운 사람이 아니라 가장 필요한 사람이라는 데 동의하지 않을 수 없게 될 것이다.

날마다 성장하는 그리스도인의 신앙생활을 간절하게 원한다면 내게 주신 목자인 목회자와 모든 좋은 것을 함께하며, 아니 온갖 부끄러운 것과 아픔까지도 함께하며 배우기를 주저하지 않기를 바란다. 그는 내게 주신 하나님의 목자이기 때문이다.

4. 만나와 놋뱀

저녁 식사를 준비하는 아내에게 큰아들 녀석이 메뉴를 물었다. 그리고는 자기가 원하는 메뉴가 없었는지 라면을 끓여 달라고 보채기 시작했다. 아내는 운동 부족으로 체중이 늘어난 아들이 걱정되어서 건강식을 준비했는데 그 마음을 알지 못한 철없는 아들은 라면을 끓여 내라며 투정을 부렸다. 결국, 보채는 큰아들에게 아내가 이렇게 소리쳤다.

"주는 대로 안 먹을 거면 먹지 마!"

평소에도 이런 말들은 자주 오가긴 했었다. 그러나 그날은 유독 강한 말투로 쏟아냈다. 무엇보다 광야를 떠돌며 불평하던 이스라엘 백성에 대해 묵상하고 있던 터라 아내의 말 한마디가 하나님이 주신 음성으로 들려왔다.

가족이라면 부모가 차려준 밥상에 만족하며 감사해야 한다. 하지만 이스라엘 백성은 하나님이 허락하신 양식에 신물을 느껴 불평을 늘어놓기 시작했다.

하나님이 내려 주신 만나는 그들의 가장 기본적인 필요를 채우는 양식이지 않았던가!

그런데 먹기를 싫어하고 불평하므로 결국엔 하나님의 진노가 임하게 되었다. 아내가 아들에게 "주는 대로 안 먹을 거면 먹지 마"라며 던진 말은 내게 마치 만나를 거부하므로 불뱀을 보내시고 진노하시던 하나님의 음성처럼 들려왔다.

> 백성이 하나님과 모세를 향하여 원망하되 어찌하여 우리를 애굽에서 인도해 내어 이 광야에서 죽게 하는가 이곳에는 먹을 것도 없고 물도 없도다 우리 마음이 이 하찮은 음식을 싫어하노라 하매 여호와께서 뱀들을 백성 중에 보내어 백성을 물게 하시므로 이스라엘 백성 중에 죽은 자가 많은지라(민 21:5-6).

성도의 신앙이 깨어있다는 것은, 항상 하나님 말씀을 향하고, 그 말씀에 감사하는 마음을 유지하며 산다는 것이다. 광야에는 불뱀과 전갈 같은 위험이 도사리고 있어 오랫동안 머물기가 어렵다. 하나님의 전적인 보호하심이 아니라면 숨 쉬는 것 자체가 기적이다.

그런데 밥을 차려 주시고 생명을 보호해 주시는 은혜를 부어 주셨는데도 이스라엘 백성은 따따부따 눈에 보이는 대로 말하고 그것을 하찮은 음식이라 치부하며 모세를 원망하고 살아 계신 하나님께 불만을 토로했다.

하나님을 향한 믿음이 세상으로 향하기 시작하면 이 땅은 온통 불평할 것으로 넘쳐 하나님을 대적하고 원망하게 될 뿐이다. 그러나 우리의 공로 하나 없이 오직 예수님의 사랑 때문에 하나님의 가족으로 받아들여지고, 은혜로 천국을 상속받는다는 것을 알게 되면 불평이나 원망이 아니라 감사가 나오지 않을 수가 없다.

그래서 우리의 시각은 늘 말씀을 향해 있어야 하고 날마다 예수님께 맞추어 있어야 한다. 그러면 세상에 마음을 빼앗길 기회도 줄어들고, 유혹도 피할 수 있게 되는 것이다. 더불어 주님이 주시는 은혜 가운데 살아 가는 것 자체가 얼마나 감격스러운 일인지도 알게 되어 범사에 감사할 수 있게 되는 법이다.

> 모세가 놋뱀을 만들어 장대 위에 다니 뱀에게 물린 자가 놋뱀을 쳐다본즉 모두 살더라(민 21:9).

불뱀에 물린 이스라엘 백성은 예수님을 상징하는 놋뱀을 바라보면 살았다.

왜 불뱀이 아닌 놋뱀, 즉 예수님을 바라보면 살 수 있다고 하는 것일까?

이스라엘은 놋뱀을 바라보면서 이전에 불뱀 때문에 죽게 된 원인이 무엇인지 돌아보고 회개하게 되었을 것이다. 마찬가지로 예수님의 십자가를 바라보며 나는 이렇게 회개할 수밖에 없었다.

'하나님의 자녀가 될 자격이 없지만 예수님이 나를 대신해 달리신 십자가 때문에 하나님이 자녀로 여겨 주신 것이지 내가 교만했구나!!

 내가 완악한 마음을 먹었구나!!'

 물론 이스라엘 백성이 하나님의 속내를 다 알아 회개한 것은 아니겠지만 말이다. 이스라엘이 하나님과 가족으로 사는 것은 군소리 없이 만나를 먹는 것이다. 그리스도인이 믿음으로 사는 것은 예수님이 나를 위해 채찍에 맞으시고 십자가에서 찢기신 살과 피를 받아들이는 것이다. 즉, 말씀을 따르는 것이다. 여기에 생명이 있기 때문이다.

 마치 아들이 아내가 차려 주는 밥상을 투정하지 않고 '어머니, 감사합니다'라고 말하며 먹어야 건강한 신체를 유지하게 될 수 있는 것처럼 말이다. 제 입맛대로 먹는다면, 아마 아들은 두고 볼 수 없는 돼지처럼 되었을지도 모른다.

 예수님의 공생애 사역을 통해 알 수 있는 것은 예수님이 주신 떡 이외에 다른 떡도 있다는 것은 우리에게 매우 중요한 경고이기도 하다.

> 예수께서 경고하여 이르시되 삼가 바리새인들의 누룩과 헤롯의 누룩을 주의하라 하시니(막 8:15).

 바리새인들에게도 누룩이 있다는 말씀이다. 그들도 나름의 기준으로 떡을 만들어 사람들에게 먹게 했다. 그러나 결국 잘못된 말씀을 전함으로 자기들도 천국에 들어가지 못하고, 그 말씀을 받아들이는 다른 성도들을 배나 지옥 백성이 되게 만들었다는 충격적인 말씀이다.

예수님이 주신 말씀을 받아 전하는 것이 아니라 자기의 지식과 잘못된 해석으로 백성을 가르쳤기 때문에, 전하는 자와 받아들이는 자 모두에게 드러난 충격적인 결과다.

잊지 말자. 하나님이 내려 주신 생명의 말씀 이외에 다른 것을 먹는 자는 영원히 하나님과 가족이 될 수 없을 뿐 아니라 하나님의 나라를 향해 가는 여정 속에서 영원히 추방될 수밖에 없다. 세상의 유혹이 달콤해 잠시 고개를 돌리는 순간, 십자가를 잃게 되고, 주님으로부터 떨어져 나가며, 영원한 멸망에 이르게 된다.

보잘것없어 보이는 만나처럼 늘 제공되는 말씀이 지겹고 하찮게 여겨지도록 어제 그 말씀을 오늘 또 반복하여 내주시지만, 그 말씀이 나를 살리는 아버지의 사랑이고, 하나님이 주시는 은혜의 말씀인 것을 잊지 말고 말씀에서 눈을 떼지 않기를, 오직 십자가를 붙들고 살아 가는 지체가 되기를 다시 한번 강조한다.

5. 고난과 깨달음의 상관관계

> 고난 당한 것이 내게 유익이라 이로 말미암아 내가 주의 율례들을 배우게 되었나이다(시 119:71).

믿는 자들에게 고난은 저주가 아닌 축복으로 여겨야 한다. 왜냐하면, 하나님은 성도들에게 고난을 허락하심으로 자기의 뜻을 깨닫게 하시기 때문이다.

마가복음 5장에는 십이 년 동안 지독한 혈루증으로 인해 고난을 받았던 한 여인이 등장한다. 그녀는 질병으로 인해 가족과의 관계가 끊어졌고 병을 고치기 위해 안간힘을 쓰며 여러 의사를 만나기도 했지만, 아무 효험도 보지 못했다. 병은 하루가 다르게 더 깊어져 갔으며 가지고 있던 재물까지 모두 탕진하게 된다.

그렇지만 그녀는 지독한 혈루증의 고난으로 인해 귀중한 사실 하나를 깨닫게 되었다. 그것은 바로 '인생의 최고의 가치가 무엇인가'이다.

> 이는 내가 그의 옷에만 손을 대어도 구원을 받으리라 생각함일러라 (막 5:28).

여인은 돈보다 건강이 중요했기 때문에 병을 고치기 위해 재물도 아끼지 않았을 것이다. 하지만 아무 일도 일어나지 않았을뿐만 아니라 점점 지쳐가던 차에 예수님에 대한 소문을 듣게 되었다. 그 순간 그녀는 예수님을 만나든지 아니면 예수님의 옷자락이라도 잡으면 고침을 받을 수 있다고 생각하게 되었다.

그리고 마침내 예수님이 길을 지나가신다는 소식을 듣고 길목에 지켜 서 있다가 에워싸는 무리의 뒤로 끼어들어 아무도 모르게 예수님의 옷자락에 손을 대었다. 물론 결과는 해피 엔딩이다.

하나님은 성도에게 사랑의 초달을 대시며 거룩한 성화를 기대하신다. 고난 속에서 자기 현현을 통해 하나님이 우리의 주인이심을 알게 하시므로 고난을 축복으로 역전의 드라마가 되게 하시는 분이 우리 아버지 하나님이다. 그리고 이와 같이 고난을 통해 하나님의 뜻을 알게 되는 일은 내게도 자주 일어난다.

중·고등부 수련회를 인도하게 되었을 때 일이다. 학생들이 많지 않다 보니 마땅히 장소를 정해 움직이는 것이 만만치 않았다. 그래서 한번은 집에서 학생부 수련회를 진행하게 되었다. 수련회가 시작되던 날, 나는 설교 준비와 함께 은혜 주시기를 사모하며 열심히 기도해야 하는데 한편으로는 주변 환경에 신경이 더 쓰이기 시작했다.

'학생들이 편하게 지낼 수 있을까?'
'집안 환경을 보고 어떤 생각을 하게 될까?'
잡다한 생각이 들어오자, 기도는 하다 말고 쓰레기를 먼저 정리했다. 그리고 뒤늦게 마당에 자란 풀을 깎기 시작했다.
'얼마나 지났을까?'
갑자기 허벅지와 손등에 통증이 밀려오기 시작했다.
깜짝 놀라 아픈 부위를 살펴보니 손등에 땅벌이 다닥다닥 붙어 있는 것이 아닌가!
그제야 사태의 심각성을 깨닫고 죽기 살기로 주위를 뛰어다녔다. 한참 난리 소동을 친 후에야 진정이 되었는데 그나마 감사한 것은 허벅지와 손등에 한 방씩만 쏘여서 수련회를 준비하는 데는 큰 문제가 되지 않았다. 그리고 하나님은 이런 극약 처방을 통해 나의 가치가 바뀌길 바라시는 것이 하나 있었다.

"문성아, 수련회의 목적이 무엇이냐?"
"중·고등학생에게 좋은 환경을 제공하는 것이냐?"
"말씀을 통해 메마른 그들의 영혼을 회복하는 것이냐?"

부활하신 예수님이 베드로에게 거듭 강조하셨다.

··· 내 양을 먹이라(요 21:17).

목회는 성도들에게 좋은 꼴을 먹이는 것이 최우선이다. 목회자이면서 이러한 사실에 동의하지 않을 사람은 없을 것이다. 그런데 동의는 하지만, 그 시절 나 역시 현실에 맞닥뜨리면서 실상은 그렇지 않을 때가 종종 발생한다는 사실이다. 말씀에 집중하기보다, 사람들의 생각에 관심을 빼앗기고 주변 환경에 마음을 빼앗겨 어느새 말씀은 중심에서 저만치 밀려나고 만다.

그 일이 있고 난 뒤로 수련회를 준비하게 되면 항상 땅벌 생각이 나곤 한다. 땅벌의 고난이 내게 주신 하나님의 선물이다. 이제는 변화되고 싶다. 사람들에게 나를 잘 보이려고 노력하는 것에 대해 신경 쓰는 것이 아니라 말씀을 더욱 중요하게 생각하는 목회자로 살고 싶다.

6. 돈으로 살 수 없는 은혜

> 돈을 사랑함이 일만 악의 뿌리가 되나니 이것을 탐내는 자들은 미혹을 받아 믿음에서 떠나 많은 근심으로써 자기를 찔렀도다(딤후 6:10).

사역하면서 오랫동안 기억에 자리하고 있는 선물이 하나 있어 소개하려고 한다. 그것은 어느 권사님이 선물해 주신 부추 한 단과 배추 한 포기다. 부추 한 단과 배추 한 포기의 선물이 얼마나 큰 감동을 주었기에 그리 오랫동안 잊지 못하고 있는지 궁금해 하는 분들이 계실지 모른다. 별스럽다는 생각으로 반문하려는 분들의 마음이 충분히 이해된다. 나 역시 부추와 배추를 처음 받았을 때는 시큰둥하고 오히려 불만스럽기까지 했던 것이 사실이기 때문이다.

오래전 주일 이른 아침 예배당에 나와 한창 예배 준비에 바쁜 시간을 보내고 있었다. 그런데 한 권사님이 부추 한 단과 튼실하게 보이는 배추 한 포기를 가슴에 품고 오시더니 나에게 대뜸 안겨 주시며 이렇게 말씀하셨다.

"목사님 드시라고 가져왔어요…. 별것 아니지만 제가 키운 것입니다. 농약을 치지 않고 재배한 것이니 건강에도 좋을 겁니다…."

권사님이 내미시는 부추와 배추를 받아 들며 웃는 얼굴로 말씀드렸다.

"감사합니다. 잘 먹겠습니다."

하지만 돌아서서 한쪽 구석에 내려놓으며 이내 불만스러운 생각이 밀려왔다.

'아니 이왕이면 돈으로 주시지. 그러면 교회에 오고 가는데 기름값이라도 될 수 있을 텐데 흙 묻은 배추와 부추라니'

이런 생각이 올라와 종일 불편한 마음을 떨쳐버릴 수가 없었다. 사역을 마친 후 그래도 권사님이 주신 것을 잊지 않고 잘 챙겨 집으로 돌아왔다. 그리고 아주 감사하지 않은 표정으로 말했다.

"교회에 한 권사님이 이런 걸 챙겨 주셨지 뭐예요."

퉁명스러운 목소리로 공동체를 섬기시는 사모님에게 배추와 부추를 내밀었다. 그런데 사모님의 반응이 의외였다. 좋아하시지 않을 줄로 생각했는데 오히려 사모님은 '고놈의 배추가 아주 튼실하다'며 반기시는 것이 아닌가. 그리고 익숙한 솜씨로 배춧국을 끓이셨다.

결국, 그렇게 받아 온 배추는 배춧국으로 변신해 그날 저녁 온 식구가 풍족히 먹을 수 있는 맛난 양식이 되었다. 그리고 부추는 맛있는 부추전이 되어 식구들의 배를 채웠다.

불평하면서 받아 든 배추 한 포기와 부추 한 단이었는데, 사모님의 손에 들려지자, 일품의 음식이 되었다. 식사하는 내내 부끄러움과 함께 감사와 감동이 되어 내 가슴을 울렸다.

> 기적이라는 것이 바로 이런 것이구나!
> 만약 권사님이 기름값을 하라고 만 원이라는 돈을 챙겨 주셨다면 어떤 일이 벌어졌을까?
> 아마 이기적인 마음으로 나를 위해 돈을 허비했을 것이 분명하다. 그런데 보잘것없다고 생각했던 배추 한 포기와 부추 한 단이 그날 저녁 오병이어의 기적처럼 공동체 모두가 푸짐하게 먹을 수 있는 음식으로 재탄생해 온 가족의 배를 넉넉하게 채워주었으니 이 얼마나 감동을 주는 선물인가!

맛있게 식사하면서 배추와 부추보다 돈을 먼저 생각했던 어리석은 목회자의 내면까지 돌아보게 했으니 돈으로 환산할 수 없는 은혜까지 덤으로 선물을 받은 셈이었다.

> 돈을 사랑함이 일만 악의 뿌리가 되나니 … (딤전 6:10).

모든 사람이 주의해서 들어야 하는 경고성 메시지가 분명하지만, 목회자는 특히 돈이 주는 유혹에 마음을 빼앗기지 않도록 견고하게 서야 한다고 생각한다. 돈이 나쁜 것은 아니지만,

돈에 집착하거나 유혹에 빠지면 보이지 않는 하나님을 제대로 의지하며 그분의 말씀에 따라 살아 갈 수 없는 지경에 이를 수도 있다.

돈은 꼭 필요하고, 참 중요하지만, 돈에 의해 움직이는 것은 마치 우상을 숭배하는 것과 같다. 돈에 지배당하므로 돈을 주인으로 삼는 함정에 빠지는 것과 같다.

> 한 사람이 두 주인을 섬기지 못할 것이니 혹 이를 미워하고 저를 사랑하거나 혹 이를 중히 여기고 저를 경히 여김이라 너희가 하나님과 재물을 겸하여 섬기지 못하느니라(마 6:24).

은혜와 사랑으로 베풀고 섬기는 성도들의 그 사랑을 돈으로 생각하고 환산해 하찮게 여기며 불평했던 그날, 하나님은 돈이 주는 욕심에 사로잡힌 사특한 내 중심의 이중성을 보여 주시기 위해 이런 상황으로 이끄셨다는 생각이 들었다.

마치 예수님을 세 번씩이나 부인한 베드로에게 들려온 새벽 닭 울음소리처럼 배추 한 포기와 부추 한 단에 가려 물질에 눈이 멀었던 철없는 목사를 회개로 인도하셨다.

이렇게 진한 복음의 메시지가 되어 지금까지 생생하게 그날의 깨달음을 기억하게 하시는 은혜를 주셨으니, 권사님이 주신 배추 한 포기와 부추 한 단은 그야말로 두고두고 기억하며 감사하고 싶은 소중한 기억이라 아니할 수 없다.

7. 책임지는 목회자

 헬라어 '아포도소'는 '내가 갚아 준다'라는 뜻이 있다. 이 말은 선한 사마리아 사람이 강도 만난 이웃을 열심히 돌본 뒤에 고국으로 가면서 주막 주인에게 전했던 말이었다.

> 어떤 사마리아 사람은 여행하는 중 거기 이르러 그를 보고 불쌍히 여겨 가까이 가서 기름과 포도주를 그 상처에 붓고 싸매고 자기 짐승에 태워 주막으로 데리고 가서 돌보아 주니라(눅 10:33-34).

 선한 사마리아 사람은 자기가 할 수 있는 최선을 다했다. 아무도 관심을 두지 않았던 부정한 이웃을 데려다가 상처를 싸매어 주고 자기 짐승에 태워 주막으로 데리고 가서 돌보아 주기까지 했다. 그 정도의 수고만으로도 인간적인 측면에서 충분히 도움이 되었으리라 생각했을 만도 한데 사마리아 사람은 여기에서 멈추지 않았다.

 그는 이튿날 주막 주인에게 두 데나리온을 주고 나오면서 돌보아 달라고 부탁하며 아픈 이웃을 맡기고 후에 추가 비용까지 책임지겠노라 한다.

> 그 이튿날 그가 주막 주인에게 데나리온 둘을 내어 주며 이르되 이 사람을 돌보아 주라 비용이 더 들면 내가 돌아올 때에 갚으리라 하였으니 (눅 10:35).

하나님이 바라시는 목회자의 모습이 이런 것이 아닐까?

지난날 내 사역을 되돌아보면 사역하면서 책임 있는 자리에 있으면서도 책임지는 목회를 하지 않았던 것 같다. 오히려 어려운 상황이 발생하면 피해가 오지 않도록 회피하려 했다고 해야 더 솔직할 것이다.

추운 겨울이 지나고 따듯한 봄이 올 때면 각 교회에서는 지난해에 사용했던 난로를 창고로 옮기는 작업을 하게 된다. 사역하던 교회에서는 대용량 히터를 사용했었는데 해체하여 창고로 옮기는 작업이 만만치 않았다. 때마침 옮기기로 결정한 날 일할 수 있는 사람이 나와 연약한 청년 한 명뿐이라 두 사람이서 그 일을 해야 하기에 더욱 힘든 상황이 되었다.

나는 그날 연약한 그 청년에게 윽박지르면서 히터를 높이 들라고 큰 소리를 지르며 작업을 진행하고 있었다. 그런데 그만 청년의 실수로 히터를 놓치는 바람에 마침 옆에 있던 성도의 자동차를 찌그러뜨리는 당황스러운 일이 벌어지고 말았다.

함께 일하다가 실수했으니 어른인 목회자가 가서 실수를 고백하고 어찌해야 할지 도움을 구하면 되었을 텐데 선뜻 책임지고 싶은 마음이 들지 않았다. 솔직히 성도로부터 어떤 꾸중을 듣게 될지가 무섭고 두려웠다. 게다가 경제적으로 피해가 가는 것이 근심되었다. 그래서 뻔뻔한 표정으로 청년에게 이렇게 말하고 말았다.

"네가 놓쳤으니까, 집사님에게 가서 사과드려!"

교회를 위해 봉사한다고 했는데 꾸중까지 듣고 차량까지 파손하였으니, 청년은 당황해 어쩔 줄 몰라 했다. 결국, 그는 고개를 푹 숙인 채 집사님을 찾아가서 용서를 구했다. 물론 교회에서 보험 처리를 해주어 일이 잘 마무리되었다.

그렇지만 그날 이후부터 나와 그 청년과의 관계는 어색함이라는 장벽이 생기게 되었다. 속으로 느끼기에 무책임한 목회자의 모습에 실망한 눈치였다. 처지를 바꿔놓고 생각하면 솔직히 나라도 그런 목회자를 믿고 따른다는 것은 불편했으리라 생각되었다.

아마도 그날 있었던 일로 인해 청년은 오랫동안 부담이 되었을 것이다. 자기의 실수로 인해 몸 둘 바 몰라 죄송해하는 청년의 마음을 먼저 다독이고 문제 해결을 위한 책임 있는 모습을 보이기보다 뒤로 숨어 버리고 그야말로 연약한 청년에게 모든 책임을 떠넘겨 버렸으니, 그 청년이 교회를 떠나지 않은 것만으로도 천만다행이다.

'그 청년이 나였다면, 나는 어떤 결정을 내렸을까?'

목회자는 책임을 지는 지도자가 되어야 한다. 무엇보다 한 영혼을 끝까지 사랑하며 중보하고 구원을 얻도록 최선을 다해야 한다.

사마리아인에 앞서 제사장도, 레위인도 분명 죽어 가는 한 영혼의 처지를 보았다.

> 마침 한 제사장이 그 길로 내려가다가 그를 보고 피하여 지나가고 또 이와 같이 한 레위인도 그 곳에 이르러 그를 보고 피하여 지나가되 (눅 10:31-32).

그런데 '왜 그를 보고도 모른 척 피해 간 것인가' 율법을 핑계 삼아서 '부정하기 때문에 모른척 했다'라고 변명했을지도 모른다. 하지만 이는 누가 보아도 거짓말이다. 만약에 죽어 가고 있는 사람이 자기 아들이라고 생각해 보자.

강도를 만나 피를 흘리며 쓰러져 죽어 가는데 그냥 지나쳐 갈 사람이 어디 있는가?

무정한 아비라 하더라도 율법이 목숨보다 먼저라고 주장하지는 않을 것이다. 그들 모두 나처럼 희생하려는 마음이 전혀 없었다.

종교 행위를 통해 거룩함을 나타내고 율법을 지키므로 구별된 사람이라 생각할 수 있을지 모른다. 하지만 그야말로 겉으로만 제사장이고, 레위인이고, 목사이지 하나님의 사람으로서 맡은 일에 온 힘을 다하고 한 영혼을 위해 목숨을 거는 충성스러운 참목자는 아니었던 것이다.

그런데 하나님이 이런 이들에게 어떻게 영혼을 맡기실 수 있겠는가!

하나님이 선한 사마리아인을 귀하게 보신 이유를 생각해 봐야 한다. 그는 목회자도 아니고 스스로 선민이라 칭하던 유대인도 아니었다. 유대인들이 개 취급하는 이방인에 불과했지만, 그는 자기를 희생했다. 참으로 생명을 소중히 여기는 마음을 따라 행동하는 사람이었다.

책임지며 살아 가는 일은 만만치 않다. 그럴지라도 한 영혼을 사랑하며 살아 가는 일에는 사마리아인과 같이 시간과 물질의 희생이 필요하다는 사실을 받아들이는 용기가 필요하다. 그래서 희생하려면 유익과 손해를 계산하며 따지는 이기적인 태도와 방식을 버려야 한다.

하나님이 보시기에 진짜 목사는 누구였을까?

제사장도 레위인도 아닌 바로 사마리아인이다. 그때 그 청년에게 변명하고 이기적인 행동으로 실망감과 상처를 준 것에 용서를 구하며 이제 돌이켜 물질과 시간을 내어 드리고 희생을 두려워하지 않는 사마리아인처럼 한 영혼을 책임질 줄 아는 목회자로 살기를 다시 한번 용기를 내어 본다.

8. 선한 목자와 함께 동역하는 것

> 지혜로운 자와 동행하면 지혜를 얻고 미련한 자와 사귀면 해를 받느니라 (잠 13:20).

"친구 따라 강남 간다"는 옛말이 있다. 일생을 살아 가며 누구와 교제하고 함께하는지가 얼마나 중요한지를 증명하는 말이다. 사람은 누구나 타인으로부터 영향을 받고 자기 또한, 누군가에게 영향을 주며 살기 마련이다.

그래서 지혜로운 사람은 누구나 선한 영향력을 가진 자에게 끌리기를 바라며 그로부터 도전 받으려 한다. 마치 모세의 수종자가 되기를 자청해 그에게 많은 것을 배우고 성장했던 여호수아가 이스라엘의 지도자로 하나님의 부름을 받은 것이 좋은 예가 될 수 있다.

하지만 반대로 말씀에 무지하고 육체의 소욕을 따라 행하는 자와 사귀게 되면 나도 덩달아 하나님과 멀어지게 되는 것은 너무나 당연한 이치이다. 따라서 하나님과 동행을 바라는 성도라면 인간관계에서도 주의를 기울여야만 한다.

내가 섬기던 교회의 담임목사님은 나의 신앙 함양을 위해 하나님이 보내 주신 멘토다. 신학교에서 선후배로 인연을 맺은 때부터 목사님은 늘 하나님이 주신 비전을 품고 기도하시며 한 걸음 한 걸음 전진하는 모습을 보여 주셨다.

그 과정을 지켜보며 함께한 나는 여러 고난의 과정 끝에 한 교회를 건축하시고 성경의 경건을 실천하시며 버려진 고아들의 아버지가 되신 그분의 삶에 큰 자극과 도전을 받게 되었다.

그분의 영향 때문인지 덩달아 나도 버려진 아이들의 작은 아버지가 되어 그들을 섬기며 한 교회의 목회자로서 교회의 기강과 한 영혼의 구원을 위해 힘쓰는 자가 되었다. 솔직히 신학도 시절의 나는 하나님이 주신 사역을 위한 구체적인 비전이나 그것을 이루기 위한 과정 따위에는 별로 관심이 없었다.

하지만 하나님이 보내 주신 멘토를 만나 사역하면서 내 삶에도 큰 변화가 나타났다. 희생하며 섬기는 목회자 옆에 있으니 나 역시도 그와 같은 모양으로 하나님께 쓰임 받을 수 있게 되는 변화가 일어난 것이다.

얼마나 감사한 일인가!

변변치 않아 눈칫밥이나 먹으며 이 교회 저 교회를 전전했을 내가 여러 장애우의 작은 아버지가 되었고 한 교회의 담임목회자가 되었으니 말이다.

그 목사님과 동역하면서 나는 많은 추억을 갖게 되었다. 때로는 이해되지 않는 일에 도전하려는 목사님을 보면서 불편하고 원망스러울 때도 있었다. 형편이 어려운 교회의 오래된 예배당을 보수하거나 꾸미는 일에 동참할 때는 일이 고되어 인상도 쓰고 투덜거린 적이 한두 번이 아니었다. 하지만 지나고 나면 그런 수고가 하나님의 기쁨을 위한 것임을 깨닫게 되고 도리어 감사하게 되었던 것을 고백하지 않을 수 없다.

요즘 노방 전도에 힘 쏟는 교회가 얼마나 될까?

예수님의 지상명령은 땅끝까지 이르러 복음의 증인이 되는 것이지만 여러 가지 핑계로 전도하는 일을 뒷전으로 미루는 것이 현실이다. 이러한 사역을 감당해 보신 분들은 이해하겠지만 일면식도 없는 사람들에게 복음을 전하는 것이 여간 어려운 일이 아니다. 가끔 복음을 훼방하는 자들을 만나거나 핍박받기라도 하면 그날은 온종일 마음이 어찌나 불편한지 모른다.

하지만 그럴지라도 멘토 목사님과 우리 교회는 매주 노방 전도 하는 일을 쉬지 않았다. 코로나 감염병으로 인해 노방 전도에 대한 인식이 좋지 않게 되어 사역을 잠시 멈추기도 했지만, 지금은 하나님이 기뻐하실 모습을 생각하며 다시 거리로 나가 복음을 전하고 있다.

노방 전도에 회의적인 분들도 적지 않다. "사람들에게 전도지 한 장 나누어 준다고 몇 명이나 교회를 나오겠느냐"며 딴지를 걸기도 한다. 하지만 목사님은 노방 전도를 하면서 이는 교회의 수적인 부흥을 바라며 하는 일이 아니라고 늘 강조하셨다.

주님이 주신 명령이기 때문에 어렵지만, 그 말씀에 순종해 몸부림치는 것이리라.

그래서일까?

목사님의 말씀은 지금도 내 마음 한쪽에 주님의 명령처럼 돌아와 메아리가 되어 울린다.

목사님은 자기의 생계만을 생각하며 담임목사의 자리를 고수하기보다 나와 같은 후발 주자들을 위해 담임목회의 자리를 내어 주셨다. 그리고 지금은 어린 시절 서원하신 필리핀 선교를 감당하시려고 선교를 떠나셨다. 나도 언젠가 목사님과 같이 후배에게 교회를 위임한 후에 선교사로 제2의 인생을 살아 가고 싶은 마음이 간절하다.

> 나는 포도나무요 너희는 가지라 그가 내 안에, 내가 그 안에 거하면 사람이 열매를 많이 맺나니 나를 떠나서는 너희가 아무것도 할 수 없음이라 (요 15:5).

예수님께 붙어만 있어도 열매를 많이 맺을 수 있는 것과 같이 하나님을 경외하며 그의 기쁨을 위해 수고하는 자와 함께한다면 나 역시 하나님께 큰 기쁨이 될 수 있으리라 여긴다.

9. 복지가 아니라 복음이 필요하다

> 믿는 무리가 한 마음과 한뜻이 되어 모든 물건을 서로 통용하고 자기 재물을 조금이라도 자기 것이라 하는 이가 하나도 없더라 … 그중에 가난한 사람이 없으니(행 4:32-35).

말씀을 보면 한 문장이 유독 이해가 안 된다. "가난한 사람이 없으니"라는 문장이다.

어떻게 초대 교회 안에는 가난한 사람이 없었던 것일까?

말씀을 통해 알 수 있는 것은 사도들의 리더십이 초대 교회에 큰 역할을 감당하고 있다는 것이다. 사도들은 성도들의 형편을 정확히 파악하고 있었다. 그리고 각 사람의 필요에 따라 구제하였다. 그러므로 궁핍함이나 핍절함이 사도들로 인해 조화롭게 채워지므로 가난한 사람이 없게 된 것이다. 이와 같은 초대 교회와 사도들의 모습에서 큰 도전을 받는다.

그렇다면 목회자로서 각 사람의 필요를 채워 주기 위해 과연 어떻게 해야 하는 걸까?

가정마다, 사람마다 문제가 다르고 필요가 다른데 말이다. 이는 사도들이 성도의 삶에 깊은 관심을 가지고 살피며 그들의 필요를 묵상해 왔기 때문에 가능한 것임을 알 수 있다. 따라서 목회자는 성도의 일상에 관심을 가지고 살펴야 할 뿐 아니라 주님이 그들에게 원하시는 필요가 무엇인지를 깊이 묵상하는 시간이 필요하다.

단순히 육체의 어떤 필요가 제공되어야 하는지 뿐 아니라 하나님이 성도 각 사람에게 기대하시는 필요가 무엇인지를 알아야 성도에게 영육 간에 강건함을 채울 수 있게 된다.

어떤 성도에게는 물질을 나누는 것이 유익할 수 있지만 어떤 성도는 강한 말씀으로 거룩한 삶을 살도록 권면할 필요가 발생하기도 한다. 그런데 그 필요를 적절하게 헤아리지 못하고 일방적으로 접근해 물질적인 공급으로 그 역할을 다한 것처럼 생각해 적절하게 조치하지 못함이 오히려 독이 될 수도 있다.

몇 년 전에 전도하기 위해 우리나라에서 가장 가난하다는 서울 판자촌을 찾아간 일이 있었다. 내가 속한 교회 공동체는 정기적으로 가난한 사람들을 후원하고 복음을 전하는 사역을 준비했는데, 그때 마침 찾아간 곳이 형편이 어려운 사람들만 모여 산다는 서울의 판자촌이었다.

말로만 듣던 곳이었으나 직접 보니 실상 그 열악함에 말문이 막혔다. 난감했던 것은 집 안에 화장실조차 없다는 것이다. 공동 화장실을 이용해야 하는 불편함에 빨래하는 것도 쉽지 않아 보였다.

함께 섬기는 사역자들과 둘씩 짝을 지어 가정을 방문하기 시작했다. 미리 준비해 간 쌀과자와 부식들을 나누어 주고 어떤 가정을 정기적으로 후원해야 할지 살펴 가며 기도하는 마음으로 전도를 시작했다. 그런데 전도가 도무지 쉽지 않았다. 반겨 주는 사람이 아무도 없었기 때문이었다. 부식 거리를 나누며 대화하려고 하면 밀쳐 내며 욕설을 퍼붓기도 했다.

"이런 거 필요 없고 술이나 사줘."

대낮인데도 벌써 얼큰하게 술에 취해 있는 사람이 대다수였다. 당시 전도하면서 느끼게 된 것은 당장 먹고살기도 어려우리라 생각했던 판자촌 집집마다 어떤 집은 쌀이 여섯 포대씩 쌓여 있었고, 오래되어 보이는 라면들과 저마다 이름이 다른 곳에서 후원한 물건들이 집마다 넘쳐 나는 것을 보며 이들에게 이러한 도움은 더 이상 큰 의미가 없을 것 같다는 것이다.

그들에게 필요한 것은 무엇일까?
돈일까?
아니면 부식 거리일까?

교회에서 판자촌 사람들은 먹고사는 것이 넉넉하지 않을 것으로 판단해 부식과 쌀과자 등을 준비했고, 이를 나누어 주면 감사하는 마음으로 받아 마음이 열려 쉽게 대화하면서 자연스럽게 복음도 전할 수 있을 것이라는 생각이 얼마나 잘못된 것인지 알게 되었다.

요즘은 복지가 생각보다 잘 되어 있어 형편이 어려운 사람이라 해도 먹고사는 것에 대한 문제는 어느 정도 해결되어 보였다. 그런데 이 같은 복지가 다른 한편으로는 복음을 전하는 데 심각한 방해가 되고 있다는 것을 알았다. 아무런 수고나 노동을 하지 않아도 살 수 있다고 생각하게 만들기 때문이다.

그래서 사람들의 일상과 형편을 살피지 않은 채 내 생각만으로 준비하고 하나님이 원하시는 뜻을 이해하지 못한 채 선행으로 그들에게 다가가는 것은 쌓여 있는 쌀 포대나 라면과 같은 불필요한 복지를 제공하는 것이 되고 만다.

그리고 나를 더욱 안타깝게 만들었던 것은 어떠한 소망도 의욕조차 없이 무너져 버린 채 뒹구는 불행한 사람들이었다. 그들에게 베푸는 선행이란 그야말로 생명이 아니라 또 다른 죄악이 될 수 있다는 것을 깨달았다.

'그들에게 필요한 것은 쌀도 부식도 아닌 복음이었다!'

전도를 마치고 돌아와 예수님이 어떻게 사역하셨는지를 생각해 보았다.

예수님도 갈릴리의 가난한 지역을 다니시면서 전도하셨을 때 먹고 사는 복지에 목적을 두고 사역하셨을까?

이에 모든 촌에 두루 다니시며 가르치시더라(막 6:6).

예수님은 모든 촌을 다니시며 질병도 고치시고, 귀신을 내어 쫓기도 하셨지만, 말씀을 가르치는 사역에 집중하셨다. 즉, 말씀을 가르치시고 복음을 전하시므로 그들에게 참된 소망을 갖게 하셨다.

말씀이 곧 생명이요, 길이며 가난과 절망에 허덕이는 이들을 새롭게 하는 놀라운 영적 양식의 복지가 된 것이다!

판자촌 전도를 다녀온 후 교회가 해야 할 사역의 방향이 완전히 달라졌다. 초대 교회의 사도들과 같이 성도들을 살피며 그들의 필요를 적절하게 공급하는 목회가 어떤 것인지에 대해 큰 도전이 되었기 때문이다.

어리석은 교회는 성도의 필요를 일일이 살피지 않는다. 나아가 하나님의 필요도 묵상하지 않는다. 그것보다 교회의 좋은 이미지를 쌓기 위해 구제하는 일과 봉사하는 일에 집중하곤 한다. 그리고 그 일을 훌륭하게 잘 감당하는 것이 좋은 목회 사역이라 여긴다.

그래서인지 판자촌을 전도하면서 무분별하게 쌓아 둔 상자에는 그런 일로 열심이었던 여러 교회의 이름이 붙여져 있었다. 교회의 이름을 드러내고 좋은 이미지를 얻기 위해 지역 사회나 성도들의 필요를 채우려 애쓰는 것은, 전도하는 일에 어느 정도 영향은 줄 수 있다. 어쩌면 그러한 일이 복음을 전하는 것을 훨씬 수월하게 한다고 주장하는 사람들도 있을 것이다.

그러나 지금 우리는 한 영혼을 위해 오직 말씀을 가르치셨던 예수님의 모습을 기억해야 한다. 예수님과 사도들처럼 하나님의 뜻을 깊이 묵상하며 성도의 필요를 살피되 복지에만 치우치지 않고 사람을 살리는 말씀과 복음에 집중하는 변화가 우리 안에 그리고 교회 안에 가득하기를 소망해 본다.

10. 하나님께서 기뻐하시는 구제와 복음 전도

> 그러므로 구제할 때에 외식하는 자가 사람에게서 영광을 받으려고 회당과 거리에서 하는 것 같이 너희 앞에 나팔을 불지 말라 진실로 너희에게 이르노니 그들은 자기 상을 이미 받았느니라(마 6:2).

20대 초반 보육원에서 사무원으로 근무할 때의 일이다. 강남의 타워펠리스에 사시는 거부 한 분이 매주 아이들의 간식과 생필품을 후원하셨다. 일 년간 후원하는 액수를 보니 대기업 과장 연봉만큼이나 엄청난 금액을 후원하는 것 같았다.

시설에 사는 아이들은 그분에게 '키다리 아저씨'라는 별명을 붙였다. 생일 때만 되면 아이들에게 메이커 신발과 자전거 등을 잔뜩 싣고 와 선물해 주시니 키다리 아저씨라 부르며 따르고 좋아하는 것이 전혀 이상하지 않았다.

그리고 매주 예배를 인도하기 위해 먼 거리를 마다하지 않고 찾아오시는 전도사님들도 계셨다. 하지만 그분들의 헌신에 대해 아이들은 그리 큰 관심을 보이지 않았다. 정성스럽게 예배를 준비해 찾아오시는 분들이었지만 아이들에게 그리 큰 영향력을 끼치지 못했던 것 같다. 그도 그럴 것이 천진난만한 어린 아이들의 입장에서 생각해 본다면 필요를 채워 주는 키다리 아저씨야말로 자기를 사랑해 준다고 느꼈을 것이 분명하다.

사실 복지 시설의 아이들은 예배를 드리며 영적 갈급함보다 보이는 필요를 채워 주시는 분들에게 더 쉽게 마음이 쏠리고 만다. 하지만 육적인 부분의 필요를 채워 주는 것과 더불어 아이들에게 영적인 필요까지 함께 채워졌으면 하는 것이 나의 바람이었다.

그렇다면 하나님이 원하시는 구제란 무엇일까?

아이들의 생필품을 채워 주는 구제는 정말 너무 귀하고 소중하다. 욕구에 대한 필요를 부모로부터 공급받으며 성장하는 보통의 아이들과 달리 그곳의 아이들은 그런 필요를 채워 줄 수 있는 어떤 부모도 없기 때문이다. 그러다 보니 풍성한 물질의 후원자가 아이들의 마음을 사로잡을 만한 충분한 힘을 지니는 것은 그리 큰 잘못이 아니다.

그럴지라도 하나님이 원하시는 구제는 단순히 필요와 공급을 넘어 아름다운 열매가 맺혀져야 한다는 것을 잊지 말아야 한다.

아무도 관심조차 두지 않았던 전도사님들을 통해 변화를 받아 신학을 공부해 지금도 훌륭하게 목회하시는 분이 있다면 어떻게 생각하는가?

누군가가 목회자가 되었기 때문에 하는 말이 아니라 누군가가 변화된 인생을 살아 가도록 영향을 미치는 이것이야말로 한 생명을 진심으로 사랑하는 참된 구제가 아닐까?

더러는 키다리 아저씨처럼 풍요로운 물질로 구제하는 일을 꿈꾸는 이들이 있다. 많은 돈이 있어 복지 재단에 언제나 푸짐하게 한턱낼 수 있는 그런 후원자가 되는 것을 멋진 인생이라 생각한다. 물론 연약한 이웃을 위해 자기의 물질을 헌신하며 희생하는 것도 필요하다. 그러나 하나님이 원하시는 구제는 성격 자체가 다르다는 것을 알아야 한다.

회당 거리에서 돈을 뿌리고 나팔을 불며 가난한 자들에게 나누어 주는 구제는 분명 많은 이에게 적잖은 혜택을 주었을 것이다. 그리고 그런 구제를 통해 어떤 변화가 일어났을지를 짐작해 보라. 그 혜택으로 주린 배가 좀 채워지고, 전보다 깨끗한 옷을 챙겨 입게 되었거나, 먹고 입는 것에 좀 더 나아졌을지는 모른다.

하지만 성경은 그러한 구제를 통해서는 하나님께 영광을 돌릴 자가 아무도 없다고 말씀하신다는 것을 기억해야 한다. 오히려 그들은 하나님이 아닌 사람에게 감사하며 돌아갔을 뿐이다.

키다리 아저씨는 지금도 많은 물질로 계속해서 후원하고 계신다. 하지만 복지 시설에 생활하고 있는 아이들은 그것으로 하나님께 감사하지는 않는다. 왜냐하면, 예배를 드리지 않아도, 기도를 하지 않아도, 말씀에 순종하지 않아도 때가 되면 필요를 채워 줄 키다리 아저씨가 있기 때문이다.

  하나님이 바라시는 구제는 물질의 필요를 채워 주는 것으로 그 일을 다 하는 것이 아니라 그 위에 오직 하나님을 사랑하고 한 영혼을 귀하게 여기는 주님의 마음이 더해져 주님이 기뻐하시는 구원의 열매를 맺는 것에 있음을 잊지 않았으면 좋겠다.

11. 사람에게 보이려는 사역에서 벗어나라

> 너는 구제할 때에 오른손이 하는 것을 왼손이 모르게 하여 네 구제함을 은밀하게 하라 은밀한 중에 보시는 너의 아버지께서 갚으시리라 (마 6:3-4).

예수님은 사람들의 인정과 칭찬을 바라고 구제하는 바리새인의 잘못된 방식을 꼬집으시며 이렇게 말씀하셨다.

> 너는 구제할 때에 오른손이 하는 것을 왼손이 모르게 하여 네 구제함을 은밀하게 하라(마 6:3).

사역할 때 사람들을 의식하고, 그들에게 인정받기 위해 무언가 하려는 태도를 보여 주지 말라고 말씀하시는 것이다. 그런데 이것은, 말로는 쉽게 들리는데 행동하기는 정말이지 쉽지 않다. 그래도 성도들이 알아줬으면 좋겠고, 속으로는 누군가가 나를 인정해 주었으면 하는 마음이 간절한 것이 실상이다.

그래서 하나님만 아시는 은밀한 사역은 내려놓고 자꾸만 사역을 드러내기 위해 애쓰고 화려하게 만드는 나쁜 버릇을 버리지 못하는 것 같다. 나는 선교를 잘못 배운 목회자다.

2013년도에 잠시 단기 선교로 필리핀의 한 마을을 섬긴 적이 있다. 물론 몇 주간의 짧은 일정이었지만 우리는 빠듯한 일정 가운데 정신없이 많은 사역을 감당하였다. 어찌나 사역이 힘겨웠는지 일주일 내내 잠을 거의 자지 못한 것 같다.

매일 새벽 3시에 일어나서 구제에 쓰일 빵을 이천 개나 만들어야 했다. 그리고 쓰레기 산더미에서 폐지와 페트병들을 주워다 파는 가난한 아이들에게 빵을 나누어 주며 찬양과 율동을 가르쳐 주었다. 빵을 얻기 위해 모여든 수백 명의 아이들이 찬양을 흥얼거리며 율동을 따라 했다.

그런데 그 모습을 지켜보던 나는 이런 생각이 들었다. '하나님, 이것 보세요. 우리의 사역에 큰 은혜가 부어지고 있어요.' 하지만 그것은 나의 착각이었다.

필리핀 아이들은 왜 그리 열정적으로 율동을 따라 하고 찬양을 흥얼거렸을까?
말씀을 듣고 자기의 죄를 깨달아 변화되고자 찬양한 것일까?
하나님이 참으로 나를 구원해 주시는 분이고 창조주라는 믿음이 생겼기 때문일까?

그곳에 모여든 아이들의 관심은 오직 빵에 있었다. 하나님을 위해 찬양을 부른 것이 아니라 우리가 나누어 주는 빵이면 하루의 끼니를 해결할 수 있었기 때문에 우리의 비위를 맞추며 빵을 얻어먹고자 그냥 노래를 흥얼거렸다.

당시엔 이와 같은 선교의 일을 하나님이 정말 기뻐하시는 사역이라고 생각했다. 하지만 선교 사역이 마무리될 즈음 죄책감이 밀려왔다. 겉으로는 엄청난 사역의 성과를 달성한 것처럼 떠들어댔지만, 실상은 보여 주기식의 쇼에 지나지 않았다. 다시 말해 하나님보다 주위 사람들에게 인정받기 위한 마음이 더 크게 내재해 있었다.

일주일의 사역을 마치고 한국에 돌아와서 필리핀 어린이들 수백 명이 팔짝팔짝 뛰며 소리 내어 찬양하는 영상을 제작해서 성도들과 함께 보았다. 영상을 보는 성도들의 눈에는 연신 눈물이 흘러내렸고, 이구동성으로 우리 교회가 대단한 선교의 업적을 남겼다고 했다.

예배가 끝난 뒤 성도들은 나와 단기 선교에 참여한 다른 전도사님 한 분에게 수고했다며 칭찬을 아끼지 않았다. 하지만 하나님은 본문 말씀을 묵상하던 나에게 그때의 사역들을 회개하라고 말씀하셨다.

> 이제 내가 사람들에게 좋게 하랴 하나님께 좋게 하랴 사람들에게 기쁨을 구하랴 내가 지금까지 사람들의 기쁨을 구하였다면 그리스도의 종이

아니니라(갈 1:10).

사람의 기쁨을 위해 보이는 사역을 감당하게 되면 성도들도 똑같이 행사에 빠지게 해 본질적인 말씀에서 점점 멀어지게 한다. 그리고 하나님 말씀이 우리 안에 충만하게 임해 변화된 인생을 소망하는 것이 아니라 분위기와 상황에 빠져 자기만족과 자기를 위안하는 것에서 벗어나지 못하게 한다.

그러다가 어떤 실수라도 하게 되어, 분위기가 떨어지거나 사람들의 반응이 예상했던 것과 같지 않으면 뭔가 은혜가 없고, 실패한 것처럼 단정하는 어리석은 일도 벌어진다. 그래서 지도자의 신앙은 참으로 중요하다. 어떤 믿음으로 성도들을 이끌어 가느냐에 따라 성도들을 옳은 데로 인도할 수도 있고 반대로 구덩이에 빠지게 할 수도 있는 것이다(눅 6:39).

하나님이 기뻐하시는 사역은 어떻게 해야 하는 걸까?

사실 대답은 그리 복잡하지 않다. 당연히 사람의 이목을 집중시키는 사역이 아니라 하나님께 집중하는 것이 필요하다. 사람들이 어떻게 반응하느냐에 갈등하기보다 하나님이 어떻게 반응하실지에 온 마음을 다 쏟으면 된다. 사람들이 얼마나 좋아하느냐가 아니라 하나님이 기뻐하시는 일이냐에 관심을 둔다면 우리는 실패할 일이 거의 없다.

시간이 흘러 목사가 된 이후에 함께 사역하는 여러 목사님과 필리핀 단기 선교를 하러 가게 되었다. 그때는 이전에 사역했던 방식처럼 사람들을 불러 모아 놓고 벌이는 큰 행사를 계획하지 않았다. 지프니(지프를 개조한 택시)를 타고 장소를 이동할 때마다 옆에 앉은 사람에게 준비한 음식을 나누며 복음을 전하기 위해 더욱 힘썼다.

어설픈 영어를 쓰고 손짓과 발짓을 사용하며 예수님의 복음을 전하기 위해 안간힘을 썼다. 그런데 놀라운 것은 이전에는 느낄 수 없었던 하나님이 주시는 은혜의 마음을 느끼게 되었다는 사실이다.

'고생한다. 문성아, 내가 참 기쁘구나.'

하나님은 그리 대단하게 보일만 한 사역도 아닌데 땀을 흘리며 난감한 모습으로 전도하는 것을 더 기뻐하신다고 생각하게 되었다. 사역을 꽤 오랜 시간 동안 감당해 왔는데 이제야 비로소 하나님이 원하시는 것이 무엇인지 조금은 알 수 있고 말할 수 있게 되어 얼마나 다행이고 감사한 일인지 모른다.

하나님은 사람에게 인정받고, 사람을 통해 보상받으려고 수고하는 일을 사역으로 인정해 주시지 않는다는 것을 기억해야 한다.

얼마 전 대형 교회에 출석하시는 한 집사님을 알게 되었다. 그분과 이야기를 나누면서 조금 불편한 마음이 들었다.

"목사님, 우리 교회에서 자장면으로 구제 사역을 감당해요. 한 번에 오백 인분의 자장면을 무료로 제공하고 있어요. 그래서인지 주위 사람들이 교회에 대해 칭찬 일색입니다."

나는 더 이상 하나님의 영광은 신경 쓰지 않고 사람의 만족을 위해 쇼하던 전도사 시절로 돌아가고 싶지 않다. 이제는 사람을 위해 보이는 사역을 계획하는 것이 아니라 예수님이 기뻐하시는 일에 온 힘을 다하고 싶다.

12. 진규의 아버지

> … 너희의 아버지는 한 분이시니 곧 하늘에 계신 이시니라(마 23:9).

내가 섬기는 교회의 부설 공동체에 사는 장애우 진규라는 아이는 질문이 참 많다. 애굽의 열 가지 재앙 중 마지막 장자의 저주를 피하고자 이스라엘 백성의 집 문설주에 피를 바르게 하셨다는 말씀을 전해 줄 때도 이렇게 따지듯 질문했다.

"그러면 왜 우리 집 문설주에는 피를 바르지 않아요?"

가끔 난감한 질문으로 곤란하게 하기도 하지만 말씀을 잘 듣고 있는 증거이기도 해서 마냥 예쁘게만 보였다. 어느 날 아이언 맨을 무척 좋아하는 진규는 나를 보며 레이저를 쏘는 척을 하고 장난을 치기 시작했다.

"어쭈! 요놈 봐라, 삼촌한테 덤비는 거야?"

나는 아이언 맨 역할을 하는 진규를 단숨에 제압해 버렸다.

"진규야, 아이언 맨 힘이 세? 아니면 삼촌 힘이 세? 빨리 말 안 해? 아이언 맨과 삼촌 중 누가 더 힘이 세냐고?"

진규는 완전히 제압당한 채 이렇게 말했다.

"윽 … 예수님이 제일 세요."

예상치 못한 대답이었다. 사실 진규는 부모로부터 버려진 고아다.

'아마 아이에게 장애가 있다는 것을 알고는 양육을 포기하고 유기하지 않았을까?'

하지만 어쩌면 진규는 부모의 손을 떠난 것이 더욱 큰 축복이라는 생각이 든다.

'부모가 아이를 버린 것이 잘한 일이라고?'

결코, 오해가 없기를 바란다. 왜냐하면, 하나님 아버지가 진규의 진짜 아버지가 되어 주셨기 때문이다. 사실 육체적 부모는 있으나 하나님을 잃어버린 이들이 얼마나 많은지 우린 너무 잘 알고 있다.

하나님 없이 사는 그 인생의 실상을 우리는 가장 큰 실패요, 절망이라 말하고 있지 않던가!

진규는 오늘도 이곳에 머물며 하나님을 예배한다. 예수님의 은혜로 먹고 누리며 늘 찬양하고 감사하는 일상이 이어지고 있다. 그러니 축복이고 은혜가 아닐 수 없다.

13. 계산하는 방식이 나쁜 이유

전도사 시절, 우간다에서 사역하는 선교사님이 부흥회를 인도하셨던 일이 있었는데 그때 얼마나 큰 은혜가 부어졌는지 모른다. 식수 시설이 부족해 정제되지 않은 흙탕물을 마시며, 식량이 부족해서 굶주려 죽어 가는 아이들에 대한 우간다의 실상을 들려주셨을 때는 메말랐던 두 눈에 눈물이 흐르는 감동까지 경험했었다.

부흥회가 끝난 뒤 선교사님의 간증에 은혜를 받은 아내는 눈물을 흘리며 이런 이야기를 꺼냈다.

"우간다 선교사님에게 헌금을 드리고 싶어요. 하나님께 허락받았으니 드리는 것이 좋겠어요."

그런데 나는 아내의 제안에 적잖이 당황이 되었다. 흔쾌히 동의가 되지 않았기 때문이다. 내가 하나님께 허락받은 것도 아니고 그것도 상당히 큰 액수의 헌금을 제시하며 드리자 하니 아내의 말에 솔직히 반감이 생기게 되었다.

사실 변명하자면 당시만 해도 아직 아이들이 어렸기 때문에 기저귀 값이나 분유 값이 만만치 않았던 터였다. 당장 생활조차도 버거운 상황이었던데다 우리 형편에서는 상당한 부담이 되는 금액의 헌금을 드리고 나면 어떤 일이 벌어질지 잘 알았기 때문에 좀처럼 마음이 움직여지지 않았다. 그러나 간절한 아내의 부탁을 거절할 수 없었기에 결국은 통장을 탈탈 털어서 선교를 위한 헌금으로 드리게 되었다.

하나님이 우리 가정에 물질을 맡기신 이유는 가난한 자에게 복음과 함께 나누라고 주시는 것이지만 헌금을 드린 후에도 내내 마음 한구석이 불편했던 것이 사실이다. 좀 더 솔직히 말하자면 그것은 계산하는 마음이 있었기 때문이다.

'하나님이 내 가정의 안위만을 걱정하면서 오지 선교를 위해 보내는 헌금도 아까워하며 계산하는 사람을 과연 기뻐하실까?'

> 그가 숙곳 사람들에게 이르되 나를 따르는 백성이 피곤하니 청하건대 그들에게 떡덩이를 주라 나는 미디안의 왕들인 세바와 살문나의 뒤를 추격하고 있노라 하니 (삿 8:5).

사사기를 통해 자기의 안위를 걱정하며 헌신하지 못했던 숙곳과 부누엘 족속을 보면서 하나님의 마음을 어느 정도 알 수가 있었다.

기드온과 삼백 명의 용사는 미디안 군대 13만 5천 명 중 12만 명을 죽이고 피곤한 중인데도 남은 1만 5천 명의 군대를 쫓고 있었다. 기력이 다한 이스라엘 군대는 숙곳 사람들과 부누엘 사람들에게 떡을 구했지만, 그들은 단호하게 거절했다.

그들이 거절한 이유는 무엇이었을까?

단순히 떡이 준비되지 않아서 그랬을까?

그렇지 않다. 나와 마찬가지로 계산한 것이다. 기력이 없어 지쳐 있는 이스라엘 군대 3백 명이 미디안의 1만 5천 명의 군대를 절대로 이길 수 없다고 판단한 것이다.

'혹시라도 떡을 줬다가 미디안의 군대가 이스라엘을 죽이고 보복하면 어떻게 하지?'

이런 생각에 그들은 꼼짝도 하지 않았다.

때때로 계산하는 방식이 필요하기는 하다. 그러나 주님이 쓰시겠다고 하실 때 손익을 따지는 것은 그야말로 최악이다. 믿음이 없는 행동인 것이다.

나와 가정의 안위를 생각하기 시작하면, 주님의 부르심은 불편하게 여겨질 수밖에 없고, 또 어려운 이웃의 처지를 돌아볼 마음도 사라지기 마련이다. 하나님의 영광을 위한 부르심인데도 헌신하지 못하는 이유가 바로 여기에 있는 것이다.

우리는 혹시 손익을 계산하면서 나와 내 가정의 안위만을 걱정하며 머뭇거리고 있는 것은 아닌지 생각해 보아야 한다. 그리고 주님이 말씀하시고 성령님이 감동을 주셨을 때 전적으로 순종하며 헌신하는 성도가 되길 간절히 바란다.

'주님, 제가 여기 있습니다.'

14. 전도는 하나님의 '의'를 전하는 것이다

> 내가 부득불 자랑할진대 내가 약한 것을 자랑하리라 (고후 11:30).

일 년 중 가장 더운 어느 날이었다. 30도를 웃도는 날씨에 공동체 식구들과 전철역으로 노방 전도를 나가게 되었다. 기타를 치며 찬양을 부르고 사탕이 집힌 전도지를 나누며 사역에 전념하고 있었다. 하지만 얼마나 무더웠는지 등 뒤에서 땀이 줄줄 흐르는 것을 온몸으로 느낄 정도로 그야말로 폭염이었다.

한 눈으로 보기에도 찬양을 인도하는 형제는 죽을 지경이었던 것 같다. 연신 손수건으로 이마를 닦아 가며 찬양 한 곡을 부르고 쉬고, 땀을 닦은 후에 다시 찬양 한 곡을 부르고 쉬는 과정이 반복되고 있었다. 그러는 중 악보는 이미 땀으로 흠뻑 젖어 버렸다.

이런 모습을 보며 더 힘을 내어 열심히 전도해야 하건만 나는 더위를 피해 그만 전도팀 몰래 그늘 뒤로 숨어 있었다. 그러면서 하나님께 엄살을 피우기 시작했다.

"하나님, 오늘은 정말 힘드네요. 이러다 죽겠어요. 저는 오늘 그늘에서 중보 기도나 할래요."

그렇게 한참 엄살을 피다 보니 저 멀리 칠십 대쯤 보이는 할아버지 한 분이 내가 쉬고 있는 그늘 쪽으로 걸어오고 계셨다. 솔직히 그런 어르신이 반갑지도 않았다. 하지만 하나님은 어김없이 내 마음에 전도의 부담감을 더하고 계셨다. 그래서 전도지를 꺼내어 기운 없이 복음을 전하기 시작했다.

"할아버지, 예수님 믿으세요. 예수님은 살아 계셔요."

전도지를 내밀었다. 그러자 더운 날씨 탓인지 할아버지는 모든 짜증을 나에게 풀기 시작하셨다.

"젊은 놈이 할 일이 없어?

할 일 없으면 집에서 애나 보지 뭣 하는 짓이야?"

짜증을 내시다가 분이 안 풀리셨는지 두 손으로 양쪽 빗장뼈를 꽉 누르는 것이었다. 얼마나 아팠는지 순간 '악' 소리가 올라오는 것을 억지로 참았다. 그리고는 겨우겨우 전도 사역을 마무리하고 몇 명의 동역자에게 자랑하듯 모험담을 늘어놓기 시작했다. 이 더운 날 내가 하나님을 위해 복음을 전하다가 큰 핍박을 당하였다며 자기를 추켜세웠다.

한참 동안 그렇게 자랑을 늘어놓고 있을 때 눈에 들어오는 것이 있었다. 다름 아닌 뒤늦게 전도 사역을 마친 동역자들의 모습이었다. 공동체를 이끄시는 담임목사님은 온통 땀으로 뒤범벅된 옷차림으로 한 손엔 전도지와 다른 한 손엔 성도들의 기도 제목이 적혀 있는 종이를 한가득 가지고 기도하시며 우리를 향해 걸어오셨다.

물론 목사님과 함께 길을 나섰던 다른 동역자들 역시 흘러내린 땀으로 몰골이 말이 아니었다. 그중 깨끗하고 뽀송뽀송한 차림의 단 한 사람이 있었는데 그게 바로 나였다. 이것이 이기적인 내 모습의 실체였다. 그리고 전도가 무엇인지를 착각하고 있었던 내 실상이었다.

하나님은 왜 이렇게 부끄러운 상황을 허락하셨을까?

> 복음에는 하나님의 의가 나타나서 믿음으로 믿음에 이르게 하나니 (롬 1:17).

많은 교회와 성도는 '할렐루야'가 쓰인 어깨띠를 띠고 길거리에서 전도지를 나누어 주는 행동을 전도라고 생각하는 듯하다. 장날이라도 되면 교회 주보와 작은 선물까지 손에 들고 나타나는 교인들이 이상스러워 보이지도 않는다.

전도의 열정을 가지고 이 골목 저 골목 사람들이 북적이는데도 더위를 무릅쓰며 손에 물티슈와 전도지를 들고 거리를 누비는 모습을 보는 것은 때로 큰 도전을 주기도 한다.

물론 예수님이 마을을 두루 다니시며 복음을 전하셨기 때문에 성도라면 누구나 거리로 나가 복음을 전하는 것이 당연한 사명이라 할 수도 있다. 그러나 그렇게 하지 못할지라도 그보다 더 중요한 전도가 있다는 것이 그날 그 부끄러움 가운데 주님이 내게 주신 교훈이다.

그것은 사람이 자기 '의'를 높이며 자랑하는 것이 아니라, 사람들 앞에서 하나님을 높이며 그분을 자랑하는 것이 바로 전도라는 사실이다!

성도로써 전도하는 일이 주님이 주신 사명이라는 사실을 알고 있기는 하지만, 자칫 오해해 주님을 부끄럽게 하는 실수를 범할 수 있음을 주의해야 한다. 주님이 아니라, 자기 자랑을 늘어놓는 경험담을 만들어 가는 전도처럼 부끄러운 일은 없다.

전도의 기회를 주님이 아닌 자기 자랑의 기회로 삼는다면, 내가 당했던 그 초라하고 부끄러웠던 그날의 수치를 보고 도움이 되기를 바란다. 길거리에서 찬양을 부르고 전철역에서 "예수 믿으라"고 외치는 모습이 자랑이 되는 순간 이미 내 삶에 주님의 흔적은 사라지고 없을 것이다.

때로는 일평생 단 한 번도 입을 열어 복음을 전하지 못하고 하나님의 부름을 받는 성도들이 적지 않다.

직장 생활을 하는데 어떻게 밖으로 나가 전도를 할 수 있단 말인가!

시간도 없고 그럴 여유도 없고, 또 그런 일은 특별하게 부르심을 받은 어떤 사람들이 하면 되는 것이 아닌가!

그렇게 살다가 어느 순간 노년이 되고, 예정되지 않은 시간에 세상을 떠나는 일들은 심심찮게 벌어진다.

아직 단 한 번도 복음을 들어보지 못한 이들이 넘쳐 나고, 단 한 번도 교회를 다녀본 일이 없는 이들도 허다한 것이 우리 현실이다. 그렇지만 만일 거리로 나가 복음을 전해야만 한다면, 장터로 나가 외쳐야만 전도라고 이해한다면, 우리는 복음이 주는 영향력을 지나치게 무시하는 어리석은 것임을 주의해야 한다. 이는 전도를 잘못 이해하고 있음이 분명하다.

전철역 앞에서 찬양을 부르며 전도지를 나누어 주고 외치기도 한다.

"예수 믿으세요!"

물론, 전도의 좋은 방법일 수 있다. 아파트 단지나 주택을 방문하면서 전도지를 나누어 주는 것도 누군가에게 교회를 소개하고 알리는데 효과적인 수단이 될 수도 있다. 누군가는 그런 일을 해야 하고, 어떤 교회는 아파트 단지에 입주민을 찾아가 방문하며 전도해야만 한다.

하지만 전도하는 일은 규칙이나 방법이 꼭 정해져 있는 것이 아니다. 방법은 다양하고 수단은 넘쳐 난다는 것을 이해하면 생각도 달라질 수 있다. 시간이 부족하거나 피곤해 거리로 나가 함께 복음을 전하는 일이 힘들고 어렵게 다가온다면, 그냥 있는 자리에서 입을 열어 하나님을 자랑하는 것만으로도 충분한 것이 전도라는 사실을 기억하기를 바란다.

직장에서 일하는 중이라도 동료들에게 예수님 자랑하는 말을 하는 것으로 충분히 전도할 수 있다. 친구들을 만나는 자리에서도 먹고 마시는 중에도 예수님을 믿고 살아 가면서 누리는 그 기쁨과 감동을 들려주는 것으로 얼마든지 복음이 전해질 수 있다.

어느 특별한 시간, 어떤 특별한 방법만이 아니라 주님은 우리가 입을 열어 주님을 자랑하는 바로 그때 역사하시는 분인 것을 믿어야 한다. 복음 그 자체가 능력이고 힘인 것이지, 우리가 외치는 행위나 장소나 모습이 능력은 아니다.

"예수 믿으세요. 믿어 보니 너무 좋습니다. 하나님께 받은 은혜가 너무 커서 이렇게 더운 날이지만 전도하러 나온 것입니다."

많은 말을 하지 않아도 각자의 자리에서 내가 하나님께 받은 사랑을 자랑해 보라. 그러면 더운 땡볕에서 전도하지는 못해도 하나님을 자랑하는 그 마음을 가상히 여겨 주셔서 또 하나의 영혼을 구원에 이르게 하시는 놀라운 주님의 능력을 보게 될 것이다.

15. 성도가 가진 소유는

새로운 한 해를 준비하기 위해 그리고 지난 한 해를 돌아보고 회개하기 위해 공동체에서 동역하시는 여러 목사님과 같이 기도원을 찾았다. 말씀을 듣고 열심히 기도한 뒤에 숙소로 가려는데 문득 눈에 들어온 것이 있었다. 그것은 담임목사님의 신발이었다.

목사님은 분명히 구두를 신고 오신 것 같은데 삼선 슬리퍼를 신고 있는 것이 아닌가!

"목사님, 혹시 신발을 누가 가져갔어요?"

"아니, 벗어 줬어. 새 운동화가 있어서 주려고 했는데 그분이 구두가 좋다고 해서 드렸어."

목사님은 예배드리는 내내 앞에 있는 성도의 다 떨어진 신발을 보며 마음이 아팠다고 그래서 구두를 내어 주게 되었다고 말씀하셨다. 그리고 목사님은 함께 있는 여러 목사님에게 성도가 가진 소유를 어떻게 사용해야 하는지 자세히 말씀을 해주셨다.

우리가 값비싼 명품 신발을 신고 있다고 가정해 보자.

그러면 어떻게 우리의 것을 가난한 자들에게 헌신할 수 있겠는가?

우리가 모든 일에 절제해야 한다. 심지어는 우리의 씀씀이까지도 수준을 낮춰야 한다. 그래야만 어려운 성도들에게 자기의 것을 나누어 줄 수 있는 것이다.

하나님은 때때로 우리를 등지실 때가 있다. 우리의 상태가 육적 쾌락을 탐닉할 때 더욱 그러하시다.

> 하나님의 아들들이 사람의 딸들의 아름다움을 보고 자기들이 좋아하는 모든 여자를 아내로 삼는지라 여호와께서 이르시되 나의 영이 영원히 사람과 함께 하지 아니하리니 이는 그들이 육신이 됨이라 … (창 6:2-3).

애굽을 빠져나와 종살이에서 벗어난 이스라엘 백성은 젖과 꿀이 흐르는 가나안 입성을 코앞에 두고 있었다. 그러던 어느 날, 하나님은 그들에게 작별을 통보하셨다. 가나안 입성을 허락하시고 그들이 대적할 원주민을 다 쫓아내시겠다고 약속하셨지만 정작 이스라엘과의 동행은 거부하셨다(출 33:1-3).

우리는 성경을 통해 당시 이스라엘 백성의 가치관에 관심을 기울여야 한다. 그들은 하나님을 이용해 자기들이 바라는 현세적인 욕망 따위나 채울 심산이었다.

이스라엘에 어떠한 부와 명예가 있다고 하더라도 여호와 하나님이 그들과 함께하시지 않는다면 유기된 이방인과 결코 다를 바가 없는데도, 그들은 그러한 사실을 망각하고 있었나 보다. 결국, 그릇된 이스라엘의 가치관으로 화가 나신 하나님은 모세에게 진노하셨다. 백성의 몸에서 장신구를 떼어낼 것을 명령하신 것이다(출 33:5). 이스라엘 백성은 애굽의 보물로 자기들의 육체를 지나치게 치장했다.

지난날 자기들을 부리던 애굽 사람들이 사치하던 모습을 마냥 부러워했던 것이 분명하다. 그리고 그것이 하나님의 눈에 몹시 거슬렸던 모양이다. 그렇게 자기의 욕망에 이끌리게 되면 주님과 이웃을 사랑하라는 하나님의 명령에 순종할 수 없게 된다.

결국, 모세가 이스라엘 백성의 장신구를 떼어 내고 하나님께 회개하였다. 그리고 하나님은 바로 자기의 뜻을 돌이키시고 다시금 이스라엘과 거룩한 동행을 이어가셨다.

> 주라 그리하면 너희에게 줄 것이니 곧 후히 되어 누르고 흔들어 넘치도록 하여 너희에게 안겨 주리라 너희가 헤아리는 그 헤아림으로 너희도 헤아림을 도로 받을 것이니라(눅 6:38).

성경은 우리에게 주라고 명령하고 있다. 그런데 어떤 성도들은 선뜻 이 말씀에 순종하지 못한다. 왜냐하면, 자기가 가진 것이 너무 고가의 명품이기 때문이다. 출애굽 한 이스라엘 백성이 천박하게 애굽 사람들을 부러워했던 것처럼 그들은 지금도 유기된 세상 사람을 흉내 내며 명품으로 자기를 치장하고 있다.

16. 나는 왜 이웃을 사랑하지 못할까?

> 예수께서 이르시되 네 마음을 다하고 목숨을 다하고 뜻을 다하여 주 너의 하나님을 사랑하라 하셨으니 이것이 크고 첫째 되는 계명이요 둘째도 그와 같으니 네 이웃을 네 자신 같이 사랑하라 하셨으니 (마 22:37-39).

세상에서 방황하다 정말 많은 고난을 받고 돌아온 한 형제를 알게 되었다. 주변 사람들은 그 형제를 안타까워하며 밥도 사주고 필요를 제공하며 아픔을 함께하는 선한 이웃이 되어 주었다. 그 모습을 보면서 목사인 나도 뭔가 해야 사람들에게 욕을 먹지 않겠다는 마음이 들어 형제를 찾아가 밥도 사주고 간식도 가져다주면서 사랑하는 척 다가갔다.

그러던 어느 날 나는 깊은 잠이 들었다가 꿈에서 하나님을 경험하게 되었다. 어떤 방에 한 남성이 앉아 있었는데 나는 그분이 하나님이라는 것을 직감으로 알 수 있었다. 그런데 이상하게도 그분은 나를 의도적으로 무시하셨다. 내가 어떤 질문을 해도 무표정으로 아무 말씀이 없으셨다. 그런 상황이 반복되자 순간 꼭 지옥에 있는 것 같은 느낌이 들었다. 그래서 나는 하나님께 질문을 드렸다.

"도대체 왜 그러십니까?"

그러자 지금까지 아무 대답이 없으시던 하나님이 입을 여셨다.

"너는 이웃을 사랑하지 않았어."

솔직히 나는 억울한 마음이 들었다. 그래서 하나님께 이렇게 따져 물었다.

"제가 형제를 위해 점심도 사줬고요, 저녁에는 간식도 챙겨줬는데 어떻게 그런 말씀을 하시는 겁니까?"

안타깝게도 그날의 꿈은 그렇게 마무리되었다. 잠을 자고 일어났지만 개운함은 없었다. 그날 꾸었던 꿈 때문인지 오히려 피곤함만 더하였다. 자기를 위로하며 개꿈으로 치부하였지만, 그날의 꿈을 억지로 지울 수는 없었다.

그리고 성경을 묵상하다가 지금까지 내가 했던 구제와 선행이 어떠했는지를 돌아보게 되었고, 마침내 그것이 하나님의 기쁨에 도달할 수 없는 위선이었음을 인정하지 않을 수 없었다.

어리석은 나는, 배고픈 사람들에게 맛있는 것을 제공하고 외로운 사람들과 함께 시간을 보내 주는 것을 이웃 사랑이라 정의하였다. 그러나 성경이 말하는 이웃 사랑은 그 의미가 완전히 달랐다.

구제는 수단일 뿐 참된 이웃 사랑은 곧 하나님의 복음을 전파하는 것이었다. 복음이 빠진 구제와 헌신은 실체 없는 사람의 의와 영광만을 높일 뿐 결코 한 영혼을 변화시킬 수 없다.

물질이 사람을 편안하게 해주고 위로가 되어 줄 수는 있으나 영생에 이르게 하는 것은 오직 복음인 것을 잊지 않아야 한다. 하나님은 양질의 꿀을 얻지 못해 죽어 가고 있는 나사로를 부자의 집 앞에 데려다 놓으셨다.

그런데 왜 부자는 사랑하지 못했을까?

결론부터 말하면 부자에게 복음이 없었기 때문이다. 복음이 없으니 전할 말도 없고 양질의 꿀을 얻지 못해 죽어 가고 있었지만 어떻게 할 수 없었다.

> 한 부자가 있어 자색 옷과 고운 베옷을 입고 날마다 호화롭게 즐기더라 (눅 16:19).

부자에게 복음이 없었던 이유는 세상 향락에 빠져 있기 때문이다. 호화롭게 즐기는 것이 그의 관심 전부였다. 내가 즐기고 내 가정이 즐기고 내 외모를 가꾸고 다른 사람에게 인정받기 위해 열심히 나를 치장하고 그런 향락에 빠져 있으면서 선지자들이 전한 말씀에 관심을 갖는다는 것은 쉬운 일이 아니다.

따라서 말씀이 없으니 생명을 구원하는 복음이 필요한 이웃을 근본적으로 사랑할 수도 없었을 것이다. 물론 얼마의 먹을 것이나 입을 것을 주므로 동정하는 정도의 선행을 베풀었을지는 모르나 인생을 변화시키기에는 너무도 무력한 행위가 아닐 수 없다.

이르되 모세와 선지자들에게 듣지 아니하면 비록 죽은 자 가운데서 살아나는 자가 있을지라도 권함을 받지 아니하리라 하였다 하시니라 (눅 16:31).

지금까지 나는 이웃을 사랑하지 못하는 이유에 대해 수많은 핑계를 대며 살아 왔다. 형편이 넉넉지 않아서, 시간이 없어서, 내 생각과 달라서 사랑하지 못한다고 생각했다. 그런데 이런 대답은 핑계밖에 되지 않았다. 내가 이웃을 사랑하지 못했던 진짜 이유는 내 안에 복음이 없었기 때문이었다.

예수 그리스도를 전적으로 신뢰하는 믿음이 없었으므로 전할 복음이 없었던 것이다. 향락에 빠져서 나를 위해 사는 세월이 너무나 좋았기에 복음으로 사랑하지 못하고 단지 얼마의 선행을 베푸는 것으로 사랑한다며 생색을 내고 정작 사랑해야 할 이웃은 방치되고 말았던 셈이다.

시간이 있다고 해서 이웃을 사랑할 수 있는 것이 아니다. 돈이 좀 여유롭다고 해서 이웃을 사랑하는 것 또한 아니다. 세상 향락에 빠져 있어 복음을 담지 못하면 평생을 살아도 하나님이 보내신 복음이 필요한 이웃을 결코 사랑할 수 없는 것을 알게 되었으면 좋겠다.

17. 성도의 영혼을 병들게 하는 목회자

나에게 소망이 하나 있다. 그것은 평생 말씀을 연구하면서 복음으로 사는 목회자가 되는 것이다. 무엇을 많이 이루어 내는 목회자가 아니어도 좋다. 내 안에 충만한 복음이 있다면 그것으로 만족한다. 대단한 능력이 없어도 괜찮다. 유명한 목사가 되지 못해도 문제없다.

> 내가 너희 중에서 예수 그리스도와 그가 십자가에 못 박히신 것 외에는 아무 것도 알지 아니하기로 작정하였음이라(고전 2:2).

사도 바울은 세상의 허망한 모든 것에 관심을 두지 않고 복음만을 알기로 작정했다. 이것은 세상 사람들과 소통하기를 완전히 거부하는 것이 아니다. 세상 사람들이 추구하는 사상과 방식을 거부하고 오직 하나님이 주시는 말씀만 사모하겠다는 결단이다.

제자 사역하면서 상당히 교만에 빠져 있는 모습을 발견하게 된 계기가 있었다. 한 번은 사업하는 제자에게 이러저러한 사업에 관련해 조언하고 있는 나를 보았다. 목사가 사업에 대해 알면 얼마나 안다고 모든 지식을 총동원해 "감 놔라 대추 놔라" 한 것이다. 생각하니 교만하기 짝이 없었다. 전문 분야도 아닌 얕은 지식으로 전문가로서의 길을 가는 제자에게 미주알고주알 조언하다니 말이다.

그것만이 아니다. 한두 번 아는 척했더니 제자와의 대화가 달라지기 시작했다. 어떻게 말씀으로 살았는지, 하나님에 대한 갈망과 성경에 관한 이야기를 나누며 믿음으로 바르게 서도록 격려하기보다 온통 세상 이야기로 가득하기 시작했다. 시간이 지날수록 무슨 얘길 어떻게 했는지 기억에도 남지 않는 이야기만 하다가 헤어지는 날이 점점 늘어나게 되었다.

그때 번뜩 정신 차리게 된 것은 잘못된 말씀을 전해서가 아니라 성도와 만나서 복음은 외면하고, 오직 세상 이야기만 하게 되면 자연스럽게 성도의 영혼을 병들게 한다는 생각이 들었기 때문이다.

그런데 참 간사한 것은 '나는 몰라요'라는 말을 하기가 쉽지 않더라는 것이다. 목회자이면서 세상 모든 일을 다 아는 유식한 목사처럼 보였으면 좋겠다는 늪에 빠져 허우적거리는 것이 내 실체였다.

부동산에 관한 지식도 통달하고, 사업 아이템에도 능통하고, 세상 모든 지식을 다 알아서 길을 제시해 주고 싶은 욕망이 꿈틀거리면 통제 불능이 되고 만다. 그래야 능력이 있고 실력 있는 목회자인 것처럼, 아니 제자에게 신뢰받고 존경받을 수 있는 목회자라고 자부했던 것은 아니었는지도 모르겠다.

한편에서 이런 생각이 슬며시 나를 괴롭혀 왔다.

'그럼 그렇게 모든 걸 아는 사람이 하나님께 눈물로 간구하며 길을 알려달라고 기도를 하거나 하는 걸까?'
'자기의 부족함을 알고 하나님께 간절히 구한다면 그게 진심이기나 한 걸까?'
'외식하는 자가 바로 이런 모습이구나!'

이런 생각이 드는 순간 뒤통수를 한 대 맞은 듯한 충격이 들었다. 진실한 믿음으로 주님을 신뢰하지 않으면서 중언부언 외식하는 기도로 모양만 그리스도인이요, 목회자인 척하는 사람이 도리어 주님이 "먹이라" 주신 성도를 병들게 하는 도적이 된 것과 같은 기분이었다.

'하나님께 길을 묻지 않고 사람을 찾게 만드는 행악을 저지르는 것을 주님이 보신다면 과연 나를 착하고 충성된 종이라 칭찬하실까?'
'성도들을 하나님께 인도하는 신실한 목회자는 누구인가?'
역설적으로 세상에 대해서는 알아도 모른 척하는 목사이다. 그러나 복음과 성경 그리고 예수 그리스도에 대해서는 막힘없이 아주 능란하게 알고 말할 수 있는 목회자가 되어야 한다.

모르면서도 아는 척하여 세상 지식으로 충만해지는 순간 그렇게 넘쳐 나는 자기 자랑만큼 복음과는 멀어지게 된다는 것을 주의해야 한다. 사도 바울은 세상 것에 마음을 빼앗기면 하나님께부터 말씀을 받을 수 없다고 경고한다. 성도를 병들게 하는 목회자가 아니라 하나님을 힘 있게 붙들고 회개하도록 인도하는 선한 목자가 되길 다시 한번 소망해 본다.

18. 하나님께 상의드려야지

2003년 여름, 일본으로 선교 활동을 나갈 기회가 생겼다. 얼마나 행복하고 기대가 되었던지 선교를 준비하는 모임에도 빠짐없이 참석하고 맡겨진 분야에서 최선을 다해 준비했다.

그리고 마침 필요한 선교 비용도 스스로 준비하고 싶다는 마음이 들었다. 이에 집 근처 공장들을 찾아다니며 허드렛일을 하고 임금을 받아 선교 비용을 모으기 시작했다.

가죽 원단을 나르기도 하고, 오피스텔 짓는 곳에서 창문과 유리를 나르는 일도 하고 심지어는 건설 현장에서 시멘트 포대와 모래를 나르는 상당히 위험하고 고된 일들을 감당했었다. 하지만 해외로 선교를 나간다는 기대감 하나만으로도 충분히 견딜 힘이 생겼다. 감사하게도 그렇게 한 달 동안 노동하고 나니 하나님의 은혜로 선교에 갈 모든 여비를 마련할 수 있었다.

선교를 위한 모든 준비를 마치고 한국을 떠나기 이틀 전날 밤, 아버지께 선교를 잘 다녀오겠다는 말씀을 드렸다. 그러면서 한편으로는 아버지께서 기특하다고 생각해 주실 것이라는 작은 기대감이 있었다.

그러나 아버지께서는 뜻밖에도 크게 화를 내시며 반대하셨다.

"국내도 아니고 해외 선교를 가려고 하는 놈이 아빠한테 한마디 상의 없이 그렇게 통보하면 되는 거냐?"

그러시면서 이번 선교 여행에 참가하지 말라고 하시는 것이 아닌가!

준비하는 모든 과정을 성실하게 참석하면서 게다가 선교에 필요한 비용까지 스스로 마련하는 모습을 보셨으니 장하다는 칭찬이라도 해 주실 줄 알았다.

그런데 충격적이게도 아버지께서는 역정을 내시며 완강하게 반대하셨다. 교회 일이라면 가장 먼저 두 손 들고 앞장서시는 분이 선교를 나가는 아들의 일에 화를 내시며 반대하시다니 당황스럽지 않을 수가 없었다.

힘들게 마련한 비용으로 비행기 좌석 티켓도 끊고 비자도 준비했는데 이틀 남겨 두고 가지 말라니 어떻게 해야 할지 화부터 치밀어 올라왔다. 올라오는 화를 조절하지 못하고 부모님이 계신 방문을 있는 힘껏 '꽝' 닫아 버리고 돌아 나와 버렸다.

그땐 왜 그렇게 생각이 짧고 어리석었는지 모르겠다. 결국, 엄마가 아버지께 사정해서 허락을 받아 주셨고, 아버지께 다시는 그와 같은 행동을 하지 않겠다는 약속을 한 뒤 일본으로 선교를 떠나게 되었다.

나중에 어머니를 통해 알았던 사실이지만 아버지는 힘들게 노동하며 선교 비용을 마련한 나를 안쓰럽고 딱하게 생각하셨다고 한다. 차라리 연약한 모습으로 아버지에게 도움을 청하였더라면 흔쾌히 선교를 위해 지원해 주셨을 분이다.

하나님은 지금도 여전히 살아 계신다. 우리는 하나님을 아버지로 믿고 신뢰한다. 그러나 철없던 이십 대 때 아버지를 분노하게 했던 그때의 내 모습처럼 종종 하나님께 일방적인 통보를 일삼으며 살아 가는 것은 아닌지 생각해 보면 좋겠다. 당연히 자기 자신의 힘으로 삶을 개척하며 성공을 이루고 산다고 해서 잘했다 칭찬하실 하나님이 아니시다.

> 다윗이 여호와께 묻자와 이르되 내가 이 군대를 추격하면 따라잡겠나이까
> (삼상 30:8).

믿음의 선조 다윗은 무능력해서 하나님께 묻기를 사모한 것이 아니다. 지금 생각하면 그는 하나님을 아버지로 대접하는 일에 소홀히 하지 않았던 것 같다. 그래서 어떤 일을 결정할 때도 아버지와 상의하는 것을 자연스럽게 여겼을 뿐만 아니라, 하나님 아버지가 말씀하시는 조언을 따랐다. 그리고 그가 이끄는 모든 전투에서 아버지가 되시는 하나님의 인도하심을 느낄 수 있었다.

그때 방문을 힘껏 닫으며 뛰쳐나왔던 순간을 다시 되돌릴 수는 없지만, 어떤 일을 결정할 때, 내 아버지께 조언을 구하고 도움을 바라는 일련의 과정은 이제 바르게 할 수 있어야 한다고 결단한다.

내가 아버지를 존중하고 신뢰하는데 어찌 아버지께서 그의 사랑하는 아들이 겪는 어려움과 위험에 대해 나 몰라라 하시겠는가!

그런 아버지가 있다면, 친아버지가 아니든지, 친아들이 아니든지, 관계가 엉망인 부자일 가능성이 있다.

아들을 위해, 딸을 위해 모든 것을 내어 주어도 아까워하지 않으며, 심지어 목숨까지라도 내어 줄 수 있는 분이 바로 내 아버지 아닌가!

다윗처럼 겸손하게 여쭙고, 상의드리며 오직 하나님 아버지의 도움을 받아 잘 살아 가는 그런 자녀가 되고 싶다.

19. 신학교에 전도하러 갑니다

내가 소속된 공동체에서는 매주 화요일이 되면 졸업한 신학교 인근의 전철역 앞에서 기타를 둘러메고 찬양을 부르며 전도 집회를 한다. 어느 날 전도 집회를 준비하고 있는데 공동체 목사님은 이렇게 말씀하셨다.

"이번 주는 특별히 우리가 졸업한 아세아연합신학대학교에 가서 전도합시다."

'믿음도 훌륭한 신학생들에게 전도라니!'

공동체 목사님의 말씀을 나는 이해할 수 없었다. 그러나 공동체 대표 목사님은 가장 전도가 필요한 사람들이 신학생이라고 이야기하셨다.

2002년도 우리가 학교에 다닐 때만 해도 양평 시내에 상점을 다니며 전도하는 신학생들이 많았지만, 지금은 찾아볼 수 없기 때문이다. 그렇기에 신학생 후배들을 찾아가 함께 전도에 힘써야 하고 사명을 다해야 함을 전하기 위해 신학교로 나서게 된 것이다. 신학교에 도착한 우리는 후배들에게 이렇게 전도했다.

"안녕하세요. 후배들, 우리는 아세아연합신학대학교를 졸업한 목사입니다. 우리 예수를 제대로 믿읍시다. 그리고 함께 전도합시다."

처음엔 후배들이 신학교 안에서 전도하는 목사들을 보고 제법 당황한 눈치였다. 각 교회에서 신앙생활 잘한다고 칭찬받고 나름으로 신앙의 자부심이 있는 그들이었을 텐데 예수를 잘 믿어야 한다고 전도하고 있으니 그럴 법도 하다.

그런데 신학대학교와 대학원까지 칠 년을 다니면서 예수를 안 믿는 학생들이 너무 많다는 것을 깨닫게 되었다. 예수님을 믿는다는 것은 교회에 열심히 출석하고 사역을 열심히 하는 것은 지극히 기본 중의 기본이라 말할 수 있다. 그렇지만 선행되어야 하는 것은 내 생각을 믿지 않아야 한다는 것이다.

무오한 성경만을 믿는 것이야말로 진리 되시고 말씀 되시는 예수님을 믿는 것이라 할 수 있겠다. 그러나 칠 년 동안 다닌 신학교에서는 성경을 믿으려 하지 않고 자기 논리를 믿으며 자기가 가진 능력을 주장하는 사람이 적지 않음을 보았다.

신학교는 먼저 신학을 깨우친 여러 교수님에게 배우기 위해 오는 곳인데 신학을 받아들이기보다 자기 능력을 드러내며 내 지식이 옳다 내세우고 항변하면서 교수님과 논쟁을 벌이는 학생들도 많았다.

그뿐인가?

야망에 사로잡혀 서로 경쟁하고 정죄하기 바쁘다.

신학교에 있는 후배들에게 전도하면서 나도 모르게 뜨거운 눈물이 흘러내렸다. 지난날 남들보다 높아지기 위해 경쟁했고, 서로를 정죄하며 비판했던 나의 모습이 주마등처럼 지나가면서 하나님께 마음을 드리지 못한 것이 후회막심해 견딜 수 없었다.

그래서인지 나와 같이 이기적인 마음으로 신학을 공부하고 사역하지 않기를 바라는 마음을 품고 열심히 전도했다. 그리고 몇 주 뒤, 우리는 어김없이 전철역 근처에서 전도하다가 놀라운 광경을 보게 되었다.

부족한 목사들에게 전도된 후배들이 손에 정성스럽게 준비한 예쁜 전도지를 들고 노방 전도를 하는 것이 아닌가!

나는 그제야 목사님이 신학교에 전도하러 가야 한다고 하신 말씀의 깊은 뜻을 깨닫게 되었다. 신앙의 열정이 있는 후배들의 마음에 도전을 준 것이 불씨가 되어 여러 모양으로 하나님께 영광을 돌리니 참으로 보람되었다. 예수님을 모르는 사람들에게 전하는 것이 전도라고 생각했던 나의 오랜 선입견이 완전히 부서지게 된 것이다.

> 이에 열둘을 세우셨으니 이는 자기와 함께 있게 하시고 또 보내사 전도도 하며 귀신을 내쫓는 권능도 가지게 하려 하심이러라 (막 3:14-15).

예수님이 제자들에게 전도하시는 모습을 통해 우리 역시 후배들을 찾아가 복음을 전할 수 있었다. 예수님은 삶을 통해 하나님과 동행하는 것에 대해 몸소 보여 주셨고, 귀신을 내쫓는 권능과 전도하는 사명에 대해 알려 주신 것이다. 그리고 예수님이 가지신 열정이 제자들에게 부어지도록, 전해지도록 수고하셨다. 이 모습을 통해 나는 전도를 이렇게 정의하고 싶다.

> 전도는 예수님과 같이 나의 열정을 나누는 것이리라. 나에게 헌신의 은사가 있으면 다른 성도들에게 헌신의 열정을 나누는 것이고, 사랑의 은사가 있다면 함께 사랑할 수 있도록 도전을 주는 것이 진짜 전도라고 말할 수 있다.

어디서든지 누구와 함께 있던지 내 안에 가지고 있는 거룩한 영향력을 이웃에게 나누어 하나님의 영광을 위해 수고하고 의미 있는 삶을 계획하기를 바란다.

20. 기도 운동과 행함의 상관관계

　내가 섬기는 교회는 매주 장애인 복지 시설을 찾아가 함께 예배하며 봉사한다. 여건상 교회로 직접 나와 예배하기 어려운 장애우들을 위해 직접 찾아가서 섬기는 마음으로 함께 예배하는 것이다. 그곳에는 휠체어를 타는 여러 중증 환자가 있다. 이분들의 특징 중 하나는 대부분 다리가 앙상하고 가냘프다는 것이다. 실수로 넘어지기라도 하면, 금방 골절이라도 될 것 같은 위태로운 모습이다.

　환자 대부분이 휠체어에서 생활을 하다 보니 사용하지 않는 많은 근육이 점점 빠져나가 시간이 지날수록 더욱 앙상한 모습으로 변하고 만다. 그래서 중증 장애인을 돌보는 선생님들은 힘들고 어렵지만 재활 운동을 하게 해서 다리의 힘을 잃지 않게 수고하신다. 그런 모습이 떠오르면서 문득 이런 생각이 들었다.

　'말씀을 아는 것을 넘어 복음에 순종하는 영적 운동을 하지 않는다면 내 영혼도 힘을 잃게 되겠구나!'

　하나님의 말씀을 묵상하는 일이 우리 영혼에 필요한 영의 양식을 채우는 것이라면, 기도는 그것을 소비하는 운동으로 비유할 수 있다. 그리고 그러한 소비 운동은 행동으로 이어지는 믿음의 근간이 되기도 한다. 특히, 성경은 기도하기를 쉬는 것을 죄라고 하기에 이는 매우 중요한 것이다.

주님의 말씀을 부여잡고 이웃을 위해 기도하지 않으면 지식 그 이상을 초월할 수 있는 움직임이 일어나지 않기 때문이 아닐까?

그래서 기도는 하나님의 명령에 순종할 역동적인 힘을 얻게 하는 절대적인 과정이라는 생각도 든다.

> 서기관들과 바리새인들이 모세의 자리에 앉았으니 … 그들은 말만 하고 행하지 아니하며 또 무거운 짐을 묶어 사람의 어깨에 지우되 자기는 이것을 한 손가락으로도 움직이려 하지 아니하며(마 23:2-4).

그러나 예수님의 공생애 당시 바리새인들은 하나님을 알되 말씀에 순종하지는 않았다. 그러므로 행함이 없어 주님으로부터 책망받았던 이들이다. 행함이 없어 영적으로 앙상해 가는 바리새인의 모습은 심각한 중증 장애인과 같다는 것이 내 생각이다. 그러므로 시간이 흐를수록 그들의 영혼은 메말라가다가 결국 앙상한 영혼의 실체를 드러내게 되는 것이다.

행함 있는 믿음의 열쇠는 기도에 있음을 기억해야 한다. 기도를 통해 성령으로 충만하게 되고, 기도를 통해 하나님의 뜻을 바르게 받아들이게 되면 가만히 앉아 산다는 것은 도저히 상상조차 할 수 없다. 기도하면 말씀에 순종하여 그 능력이 우리를 일으켜 일하게 하므로 우리의 믿음을 입증하게 한다는 것을 누구도 부인할 수 없을 것이다.

따라서 영적 장애의 상태에 있지 않다는 것을 확신한다면, 늘 깨어서 기도하는 일에 주저하지 말아야 한다. 그래야만 하나님의 말씀에 순종하여 거룩한 열매를 맺을 수 있다.

Recovery by Jesus Blood

제 2 장

피로 회복

여호와 하나님이 아담과 그의 아내를 위하여
가죽옷을 지어 입히시니라(창 3:21).

1. 회개했음에도 왜 변화되지 않을까?

어려서부터 오랜 시간 신앙생활을 하면서도 유독 풀리지 않는 문제가 하나 있었다. 그것은 깊이 회개했는데도 쉽게 변화되지 않는 삶에 대한 의문이었다. 한번은 삼일 동안 작정하고 금식하고 반복되는 죄악을 묵상하며 열심히 회개했던 일이 있다. 기도하며 자기를 돌아보는 시간이 큰 은혜가 되긴 했지만, 그 이후에도 그리 달라진 것은 없었다.

왜 회개했는데도 변화가 일어나지는 않는 것일까?

> … 예수께서 비로소 전파하여 이르시되 회개하라 천국이 가까이 왔느니라 하시더라(마 4:17).

예수님이 성령으로 충만하신 후 공생애 사역을 시작하실 때 많은 사람에게 처음으로 입을 열어 선포하신 말씀이 바로 "회개하라, 천국이 가까이 왔느니라"였다. 여기서 말하는 "회개"는 '마음을 돌이키다'라는 의미의 헬라어 '메타노에오'라는 단어가 쓰였는데 이는 그저 잘못했다는 말을 반복해서 고백하는 고해

성사와는 다르다.

사실 간혹 그 뜻을 깊이 이해하지 못하고 사용하기도 해서 오해하는 단어 가운데 하나가 "회개"라는 단어가 아닐까 생각한다. 이 단어는 행동에 앞서 그릇된 동기를 전환하라는 중요한 의미를 내포하고 있다. 또 '네가 가진 의견을 뒤집으라'는 뜻으로 생각의 방향을 180도 전환하는 행동을 의미하기도 한다.

간혹 회개한다는 것을 자기가 지은 죄를 말로 시인하여 인정하는 정도의 차원으로 받아들이고, 그와 같이 기도하는 것을 회개했다고 생각하는 경향이 우리가 보여 주는 가장 보편적인 태도가 아닌가 생각한다.

그러나 예수님이 원하시는 회개는 입술의 고백을 넘어 잘못된 행동에 따른 동기를 전환하는 것을 의미한다. 잠언의 말씀과 같이 "개가 그 토한 것을 도로 먹는 것 같이 어리석은 일을 되풀이하는 것"(잠 26:11)은 거룩함을 바라는 성도의 삶에 아무런 영향을 주지 못한다. 유혹 앞에 넘어진 자기를 규탄하며 토해내듯 후회로 절규하지만, 시간이 지나면 똑같은 죄악 앞에 무너져 또다시 자기에게 실망하게 된다.

> 시몬이 대답하여 이르되 선생님 우리들이 밤이 새도록 수고하였으되 잡은 것이 없지마는 말씀에 의지하여 내가 그물을 내리리이다 하고(눅 5:5).

베드로는 자기에게 익숙해 있던 지식에 의존해 밤이 새도록 그물을 내렸다. 하지만 안타깝게도 그날 밤, 단 한 마리의 고기도 잡아 올리지 못했다.

'얼마나 허무했을까?'

벌써 수십 년을 갈릴리 바다에 터를 잡고 고기를 잡으며 살아 온 토박이다.

'도대체 무엇이 잘못된 것일까?'

늘 같은 자리, 같은 시간, 같은 방법으로 조업했건만 그는 한 마리의 물고기도 건질 수 없었다. 그때 예수님은 실망한 베드로에게 다가오셔서 말씀을 하셨다.

… 깊은 데로 가서 그물을 내려 고기를 잡으라(눅 5:4).

묵상 없이 성경을 읽노라면 결코 예수님의 뜻을 눈치챌 수 없다. 사실 이 대목은 베드로의 상식을 뒤집는 말씀이다. 베드로는 갈릴리 바다에 대해 알만큼 아는, 바다에서 잔뼈가 굵은 어부였다. 언제 어느 지점에 가봐야 고기가 많은지, 또 고기들이 어느 길을 좋아하는지도 분명 잘 알았으리라.

그런데 한낱 목수에 지나지 않은 예수님이 권유인지 명령인지 모를 말씀을 던지셨다. 여기서 베드로의 행동에 주목해야 한다. 그는 지식과 경험을 뒤집었고 "말씀에 의지하여" 그물을 내렸다.

"예수님, 제가 깊은 곳에 고기가 없다는 것을 알고 있지만 제 의견을 뒤집겠습니다."

상식을 초월한 행동을 감행한다는 것이 얼마나 두렵고 쉽지 않은 일인지, 더군다나 경험이 풍부하고 학식이 많을수록 이성과 논리가 아닌 말씀에 생각을 올려놓고 따른다는 것이 얼마나 어려운 일인지 우리는 너무나 잘 알고 있다.

그것이 개인의 유익으로 직결된다고 생각하기 때문이다. 그러나 베드로는 자기 경험과 생각을 뒤집어 말씀에 의지하여 순종하므로 성경이 바라는 진정한 참회의 모습을 보여 주게 된다.

> 시몬 베드로가 이를 보고 예수의 무릎 아래에 엎드려 이르되 주여 나를 떠나소서 나는 죄인이로소이다 하니(눅 5:8).

베드로가 마침내 자기의 경험과 생각을 돌이켜서 예수님 앞에 낮추어 그 말씀을 받아들이자, 기적이 일어났다. 그물이 터질 듯해 옆에서 조업하던 배까지 불러 가득 채우는 상상 초월 그 이상의 역사가 일어난 것이다.

어디 그뿐인가!

베드로는 예수님의 제자로 선택되는 가장 값진 삶의 변화까지 덤으로 받게 되지 않았던가!

회개했다고 생각하면서 내 생각과 경험, 내 고집과 삶의 방식은 그대로 간직한 채 종교 생활이 주는 일련의 과정을 성실하게 수행하면 어떤 경지에라도 올라야 한다는 짧은 생각이 우리 신앙을 더욱 피곤하게 하고, 기독교를 무의미하게 전락시키는 것은 아닌지 깊이 돌아볼 일이다.

회개는 입술의 고백과 더불어 경험과 생각도, 의지와 행동도 완전한 전환이 동반되어야 한다. 그동안 내가 중심이 되어 살아왔던 삶의 방식에서 돌이켜 예수님이 중심이 되고, 오직 '주님만이 옳습니다' 하고 받아들여 말씀에 삶의 무게를 그대로 올려놓아 주님을 따라가야 비로소 회개가 빛을 보게 될 것이다.

베드로는 예수님(말씀)을 만남으로 지금까지 해왔던 그물질이 잘못되었음을 받아들였다. 여기에 어떠한 변명도, 어떠한 설명도 하지 않았다. 그가 보여 준 모습은 많은 말이 아니라 말씀에 완전히 의지하고 순종하는 행동이었다.

우리에게 필요한 것은 무엇보다 말씀 앞에 솔직하고 담백하게 서서 지금까지 살아 온 삶의 자리가 주님께 부끄럽지는 않았는지, 아니면 하나님의 뜻과 거리가 벌어진 채 제 잘난 맛으로 살지 않았는지 들여다보아야 한다. 그것도 자기를 진솔하게 말이다.

그런 다음 잘못된 생각과 뒤틀린 방식을 발견했다면 내 의견과 경험에서 완전히 돌이켜 주님의 말씀으로 향하고 그분의 명령을 받아들여야 한다. 그래야 진정한 회개에 이르는 것이다.

여기에는 변화가 일어날 수밖에 없다!

그저 '잘못했어요'만 외치는 초보적인 회개의 방식에서 벗어나 하나님의 말씀을 열어 날마다 성경을 기준으로 그 중심을 바꾸어 가는 복된 삶을 함께 살아 가게 되길 간절히 소망한다.

2. 나는 돈 밝히는 전도사였다

> 네가 그리스도 예수의 좋은 군사로 나와 함께 고난을 받을찌니 군사로 다니는 자는 자기 생활에 얽매이는 자가 하나도 없나니 이는 군사로 모집한 자를 기쁘게 하려 함이라 경기하는 자가 법대로 경기하지 아니하면 면류관을 얻지 못할 것이며(딤전 2:3-5, 개역한글).

말씀을 한 구절 한 구절 깊이 묵상하노라면, 하나님께 기쁨을 드리는 사역자의 모습이 어떠한지 알 수 있다.

첫째, 자기 생활에 얽매이지 않아야 한다.
둘째, 하나님의 순리대로 사역하는 자여야 한다.

> 오직 레위 지파에게는 모세가 기업을 주지 아니하였으니 이는 그들에게 말씀하심 같이 이스라엘 하나님 여호와께서 그 기업이 되심이었더라(수 13:33).

제사장 가문인 레위 지파는 다른 지파와 다르게 일정한 땅을 분배받지 못하였다. 이것을 통해 레위 지파에 기대하는 하나님의 뜻을 충분히 이해할 수 있다.

먹고 사는 일로 인해 자기 능력을 의지하게 되므로 하나님이 주신 성전을 섬기는 사명을 소홀히 여기는 죄를 범하지 말고 오직 하나님이 주신 은혜로 살아야 한다는 메시지다. 당연한 이야기지만 사역자는 전적으로 하나님이 전부가 되어야 하고 오직 하나님이 주시는 은혜로 살아야 하는 사람이다.

만일 내가 크고 넓은 땅을 갖게 되면 어떤 일이 벌어질까? 나는 가장 먼저 내가 살 큰 집을 건축하고 싶다. 널찍하게 큰 집을 지어서 편안한 생활을 누리고 싶은 것이다. 정원도 멋지게 가꿀 것이다. 여기저기 나무를 심고 쉴만한 정자도 만들고 물고기가 사는 작은 연못도 만들고 싶다. 잔디를 심어서 아이들이 마음껏 뛰어놀며 공도 차고 뒹굴어도 다치지 않을 수 있는 운동장도 만들어 주고 싶다.

그리고 한편에는 작은 농장을 만들어서 건강한 채소를 재배할 것이다. 잘 가꾸어진 집에 종종 친구들을 초대하고 교인들을 초대해 직접 재배한 채소로 만찬도 즐기고 싶다.

상상만 해도 기분이 설렌다. 하지만 여기에는 큰 함정이 있다. 단순히 크고 넓은 집과 땅을 소유하는 것을 바라는 것이 아니라, 그것을 통해 은근히 내가 가진 자력을 드러내며 과시하길 바라는 것이다.

내 소유를 통해 내 존재 가치를 다른 이들에게 증명하고 싶어서 다양한 선택을 한다는 것이다. 게다가 다른 사람과 비교하기도 하고, 좀 더 크고, 좀 더 멋진 것을 소유하려고 모든 관심과 열정을 여기에 쏟아붓게 될 것이다. 그러면 그때부터 목회는 온데간데없고 자기 생활에 얽매이게 될 것은 자명한 사실이다.

레위 지파 사람들은 다른 지파 성도들과는 다른 인생을 살아야 했다. 오직 하나님이 주시는 것으로 먹고 살아감으로 하나님께만 집중하는 삶의 자세가 필요한 것이다. 이것이 하나님의 뜻이다. 하지만 나는 레위 지파와 같이 제사장으로 선택받았지만, 많은 것을 소유하기를 원했다. 할 수만 있다면 남들보다 더 많은 것을 갖고 싶었다.

신학대학원을 다니고 있을 때 돈을 많이 갖고 싶어서 분주한 삶을 살았다. 평일에는 아침 9시까지 보육원으로 출근해 시설 총괄 업무를 돕는 사무 보조로 일했다. 주말에는 작은 개척교회에서 사역을 담당했다. 한 주가 어찌나 빠르게 가는지 학교 공부와 출근, 교회 사역까지 1인 3역에 늘 정신이 없었다.

그러던 어느 날 담임목사님이 중국으로 단기 선교를 하러 가신다고 말씀하셨다. 그로 인해 부득이 일주일 동안 새벽예배를 인도하게 되는 상황이 벌어졌다. 새벽 4시에 일어나서 가장 먼저 새벽예배를 담당해야 하고, 새벽예배를 마치면 돈을 벌기 위해 보육원으로 8시 50분까지 출근해야 했다.

그리고 저녁 6시가 되면 대학원 수업을 들어야 하는 일이 반복되었다. 짧은 시간이었지만 일주일이 내게는 죽을 맛이었다. 대학원 수업은 아예 귀에 들어오지도 않았고 수업 시간 내내 비몽사몽이었다.

다음날 새벽예배를 인도해야 하는 부담 때문에 수업 시간에 집중은커녕 졸거나 설교 준비를 하고 있었다. 하지만, 그마저 피곤이 쌓여서 그런지 감기는 눈을 막을 길이 없었다. 그렇게 눈을 감고 피곤함에 지쳐 있을 그때, 하나님의 음성이 들려왔다.

"문성아, 쉬거라 …. 오늘 일찍 잠을 자고 내일 일어나서 말씀을 준비하거라."

하나님 음성이 얼마나 감사하고 따뜻하게 들려오던지 아예 푹 잠을 자고 조금 일찍 일어나 말씀을 준비하면 지금보다 훨씬 좋을 것 같은 느낌이 들었다. 그래서 수업이 끝나자마자 교회로 달려가 이불을 펴고 눈을 붙였다. 그런데 잠시 뒤 교육관 방문을 급하게 두드리는 소리에 잠에서 깨어났다. 너무 놀라 정신을 차려 보니 권사님이셨다.

"전도사님, 일어나세요. 식사하세요."

"네, 권사님. 왜 그러세요?? 이 새벽에 … "

"새벽이라니요. 전도사님 지금 아침이에요.

오늘 피곤하셔서 못 나오셨지요?

장로님이 간단히 인도하셨어요. 아침 식사하시고요. 담임목사님이 전화 달라셔요."

난 분명히 잠깐 잔 것 같은데 눈을 떠보니 아침이었다.
'도대체 왜 이런 일이 일어났을까?'
어리석은 나는 담임목사님에게 야단맞을 것만 생각하고 내 삶의 어떤 문제가 있는지는 전혀 파악하지 못하고 있었다. 그날 밤 하나님은 답답하셨는지 한 선배 목사님을 내게로 보내주셔서 당신의 마음을 전해 주셨다.

> 문성아, 내가 계속 말하려고 했었는데 말이야 너는 다니는 직장을 내려놓아야 할 것 같아. 사역하든지 아니면 직장 생활을 하든지 지금 결정을 내려야 해!!
> 그리고 한 가지 충고하는데 돈을 좇게 되면 너는 하나님의 일을 절대로 감당할 수 없어.
> 그래도 돈 버는 것이 좋다면 안타깝지만 너의 부르심은 이제 여기까지인 것 같구나!

당시 선배의 충고는 너무 충격적이었고 냉혹하게만 느껴졌다.
'넌, 돈을 너무 좋아하는 거 아냐?'
이런 뜻으로 들리니 서운하기까지 했다. 그러나 목사가 되고 나서 지난 시간을 돌이켜 보니 돈을 사랑하던 나에게 하나님이 선배를 통해 처방을 내리셨다는 사실을 알게 되었다.
돈을 사랑했던 나의 모습과 같이 사역과 세상에 각각 한쪽 발을 담그고 있는 성도들과 사역자들이 많다. 그런데 이런 삶의 방식이 굳어지게 된다면 하나님의 은혜로 살아 가는 선택받은 자의 기쁨을 맛보지 못하게 된다는 것을 주의해야 한다.

지금은 더 깊은 물질의 늪에 빠져 돌아오지 못하는 어리석음을 버리고 오직 하나님만 의지하며 사역하기로 결단할 수 있도록 나를 도우신 하나님의 은혜가 얼마나 감사한지 모른다.

분명히 하나님은 은혜로 살게 하신다!

> 미련한 자는 자기 행위를 바른 줄로 여기나 지혜로운 자는 권고를 듣느니라 (잠 12:15).

3. 하나님의 실존을 바라보라

> 여호와께서 유다와 함께하신 고로 그가 산지 거민을 쫓아내었으나 골짜기의 거민들은 철병거가 있으므로 그들을 쫓아내지 못하였으며(삿 1:19).

유다 지파는 오직 하나님과의 동행을 통해 가나안 정복에 다다르게 되었다. 장대한 아낙 자손의 후손도 하나님의 인도하심을 막을 수 없었다. 이렇게 승리를 이어가던 유다 지파는 큰 어려움 없이 하나님이 예비하신 모든 땅을 차지할 수 있을 것처럼 보였다.

그러나 얼마 지나지 않아 승승장구하던 유다 지파에 예기치 못한 어려움이 닥쳐왔다. 그것은 당시 산지에 터를 잡고 방어하는 철병거 부대의 위력 때문이었다. 물론 이들은 땅을 분배받았을 그때 이미 여호수아로부터 상황과 환경에 매이기보다 동행하시는 하나님만을 바라봐야 한다는 조언을 들었다(수 17:18).

하지만 유다 지파는 철병거와 마주하자, 두려움 때문인지 함께하시는 하나님을 망각하고 당당하던 이전의 모습을 더는 볼 수 없게 되고 말았다. 지난날 아낙 자손을 바라보며 자기를 메뚜기로 치부했던 열 명의 정탐꾼들같이 하나님을 원망하며 절망과 불안에 사로잡히고 만 것이다.

사람은 무엇을 바라보는가에 따라 선택과 결정에 큰 영향을 미친다. 앙망하는 그것이 마음에 담겨 삶을 대하는 태도와 결과에까지 지대한 영향을 미친다는 것을 오늘 유다 지파를 통해 다시 한번 깨닫게 된다.

성도에게는 하나님을 향한 열망과 바라봄의 시각이 절대적이다. 유리하는 세상 사람과 같이 썩어져 가는 것들과 허망한 인간의 능력에 마음을 빼앗겨 탐하기 시작하면 한쪽으로 치우쳐 실존하시는 하나님을 바라보며 그분의 도우심과 능력에 집중하던 시각이 흐려지기 시작한다.

그때는 누가 경고하거나 교훈하더라도 그 소리에 귀를 기울이는 것이 쉽지 않다. 이미 능력이신 하나님보다 자기를 삼켜버릴 것 같은 상황이 더 크게 보이기 때문이다.

어리석었던 지난날, 무늬만 목사였던 때가 있었다. 그때는 한 주를 살면서 단 한 번도 하나님을 생각하지 않고 온통 세상에 사로잡혀 시간을 허비하며 보냈던 기억이 있다.

주위 사람들을 바라보면서 '나도 저 사람처럼 그런 능력이 있어야 하는데', '나도 언젠가 저 사람처럼 좋은 차를 타며 살아야 하는데' 하며 그들이 가진 능력과 물질에 눈이 멀어 정작 바라보고 열망하며 교제해야 하는 하나님을 외면하고 살았다.

다시 생각해도 끔찍하기 그지없는 시절이다. 위선과 외식에 점철되었으니 하나님이 허락하신 소중한 삶을 무능력으로 괴로워하고 채워지지 않는 욕망에 우울감으로 시달리며 허비했던 것은 당연한 결과였으리라.

매일의 삶 속에서 놓치지 말아야 하는 것 하나는, 순간마다 광대하신 하나님을 바라보며 의식하는 일이다. 눈에 보이지는 않으나 살아 계시고 나를 도우시려 기다리시는, 내 음성에 귀를 기울이시며 말씀하시려 항상 준비하고 계시는 하나님의 눈동자를 의식하며 그분에게 집중하고 사는 일이다.

내 음성에 귀를 기울이시고 지금도 살아 역사하셔서 우리를 감찰하시는 하나님과 끊임없는 대화가 이루어지고 있는가?

만일 환경이나 사람이 더 의식되고 있다면 하나님을 향한 집중력을 잃었을 가능성에 대해 진단해 보자. 하나님보다 세상이 더 크게 보이고, 하나님이 주시는 은혜와 능력보다 사람이 가진 힘이 더 강하게 다가오고, 말씀을 순종함보다 세상이 주는 즐거움이 더 위대하게 보여서 눈이 어두워지고 마음이 흔들리는 것은 아닌지 주저함 없이 돌아보아야 한다. 그리고 무릎을 꿇어 그분께 온전히 집중하기를 바란다.

때로는 매 순간 나와 함께하시고, 내 등 뒤에서 나의 필요에 응답하시려 준비하고 계시는 하나님으로부터 잠시 감각을 잃게 되기도 하지만 눈을 돌리면 위로부터 오는 영원한 것으로 인해 살아 가는, 마르지 않는 기쁨을 누릴 수 있도록 도우시는 능력의 하나님이 마침내 일하시는 것을 보게 될 것이다. 하나님은 오늘도 여전히 내 삶의 길에 머무시며 나의 눈길을 기다리시는 분이다.

4. 알곡인가? 쭉정이인가?

 알곡과 쭉정이는 겉모습이 모두 같아 보여서 눈으로는 구별하기가 여간 어려운 일이 아니다. 하지만 바람이 불어오면 상황은 달라진다. 작은 바람에도 쭉정이는 쉽게 공중으로 날아가지만, 속이 꽉 찬 알곡은 그렇지 않다. 하나님은 성도들을 고난이라는 바람으로 키질하신다. 알곡과 같은 성도와 겉만 번지르르한 쭉정이 성도를 구별하시는 것이다.

 그렇다면 성도를 구별하시고자 하나님이 주시는 고난은 우리에게 어떠한 모양으로 임하게 되는 것일까?

 먼저, 하나님이 키질하시는 방법 가운데 하나가 예배를 통해 이루어진다고 이야기하고 싶다. 예배는 하나님이 성도에게 허락하시는 은혜의 통로가 되기도 하지만 어떤 면에서는 알곡과 쭉정이를 구별하는 시험이 되기도 한다.

> 유두고라 하는 청년이 창에 걸터앉아 있다가 깊이 졸더니 바울이 강론하기를 더 오래 하매 졸음을 이기지 못하여 삼 층에서 떨어지거늘 일으켜보니 죽었는지라(행 20:9).

어느 날, 사도 바울은 밤을 새우며 강론을 했다. 그때 유두고라는 청년이 참석해 창에 걸터앉아 말씀을 들었는데, 그만 졸음을 이기지 못해 떨어져 죽고 말았다. 은혜와 감동이 넘쳐야 할 강론 장이 일순간 충격으로 온통 난리가 일게 된다. 종종 교회에서 불의의 사고가 나게 되면 사회면에 대서특필로 기사화되고 교회와 목회자의 이미지가 대번에 부정적으로 사람들의 가슴에 각인되는 것은 예나 지금이나 마찬가지일 것이다.

그런데 유두고가 떨어져 죽음에 이른 원인은 간단하다. 누가 그를 밀친 것도 아니고, 자기가 선택한 불행도 아닌 바로 졸음 때문이었다. 말씀을 듣는 태도, 즉 강론에 참여하는 유두고의 태도에 문제가 있었다.

사도 바울은 성도들에게 복음을 전하기 위해 밤을 새워 가며 열정적으로 강론했다. 여기에서 "강론하다"라는 말은 원어로 '라마드'이다. 그 뜻은 '매질하다', '벌하다', '훈련하다'라는 다양한 의미를 내포하고 있다. 밤을 새워 가며 강론했다는 말은 바울이 성도들에게 쓴소리도 하고 매질하는 소리도 하며 강하게 훈련하고자 말씀을 전하고 있었다는 말이다. 이와 같은 강론은 복음에 대한 열정과 성도에 대한 사랑 없이는 결코 이루어질 수 없는 일이다.

한 시간 정도의 예배에서 설교가 30분만 넘어가도 목사님의 설교가 너무 길다며 항의가 빗발친다. 게다가 성경을 풀어가며 말씀을 강조하면 설교가 너무 원론적이고 딱딱하다며 세상 얘기도 조금 섞어서 재미있게 해달라는 주문이 득달같이 들어온다.

그런데 쓴소리와 경고, 질타하는 설교가 밤을 새워 진행된다면 우리는 어떤 반응을 보이게 될까?

아마 준비된 성도라면 사도 바울이 전한 따가운 말씀을 듣게 되었을 때 눈물을 훔치고, 가슴을 치며 애통함으로 자기의 완악함을 깨닫고 여기저기서 한숨을 내뱉으며 회개하는 반응을 보였을 것이다.

그런데 유두고는 어떤 모습이었는가?

창문에 걸터앉아 말씀을 들었고 그것도 모자라 졸고 있었다! 어쩌면 낮에 힘들게 일한 유두고의 육신이 밤을 새우는 강론에 졸음을 이기지 못했을지도 모른다. 이렇게 생각하면 강론에 참석한 것만으로도 그의 열정은 인정되어야 한다고 주장할 수도 있다. 그러나 유두고를 변호하는 내용이 본문에서는 등장하지 않는다.

강론이 주는 의미와 바울의 모습을 생각하면, 유두고는 자기의 믿음을 자만하면서 바울의 따가운 설교가 마음에 들지 않아 시큰둥해 큰 관심을 두지 않았을 가능성이 크다. 강론의 자리에 참석은 했으나 무관심으로 시간을 보내는 중이었을 수도 있다.

만일 그렇다면 유두고는 사도 바울이 어떤 메시지를 전해도 경솔한 마음이 되어 말씀을 듣는 둥 마는 둥 흘려들었을 것이고, 회개를 촉구하는 강력한 말씀에도 반응할 마음이 일지 않았을 것이다. 그러면 바울의 강론은 자기와 관계없는 말씀으로 여겨졌을 수 있고, 밤새 계속되는 강론은 지루하기 짝이 없게 여겨졌을 것이다.

그러나 유두고가 강론에 참석한 것만으로도 그의 열정은 인정되어야 한다는 주장처럼 피곤함에 지쳐 있었다면, 아마 말씀이 더 자장가처럼 들렸을지도 모른다. 그런데 창에 걸터 앉았으니 졸음이 그런 유두고를 죽음에 이르게 하기에는 그리 큰 노력을 기울일 필요조차 없었을 것이다.

예배에 임하는 성도의 신앙은 그래서 중요하다는 것이 나의 지론이다. 마음을 열고 말씀에 귀를 기울이며 그 말씀을 받아들이려는 태도를 바르게 해야만 어떠한 말씀을 들을지라도, 나를 회복시키고 복의 사람이 되게 할 능력을 얻게 된다.

마치 사도 바울이 전한 말씀을 듣고 가슴을 치며 눈물을 흘렸던 많은 사람같이 겸손한 마음으로 말씀을 듣고 자기에게 적용해 회개하려는 열린 마음이 되어야 한다. 하나님이 인정하시는 알곡과 쭉정이는 예배 가운데서도 분명하게 구별된다는 것을 명심해야 한다.

지난날을 돌아보면 나 역시 하나님 아버지 앞에서 유두고처럼 아주 교만했던 때가 있었다는 것을 부인할 수 없다. 하나님은 여러 선배 목회자를 통해 어리석고 교만한 나를 끊임없이 변화시키려 하셨다.

그때 그들의 메시지는 하나같이 따갑고 듣기 불편하게 다가왔었고 그 앞에서 나는 아예 귀를 막아버리기 일쑤였다. 그런 탓인지 연소한 시절 여러 목회자의 조언이나 설교에 집중하기 어려워하는 경향이 많았다. 그 결과 오랜 시간 동안 거만하고 성숙함이 없는 모습에 조금도 변화가 일어나지 않았다.

유두고의 죽음을 통해 말씀을 경청하는 예배자의 태도가 어떠해야 하는지, 어떤 마음으로 말씀을 경청해야 하는지 그리고 예배가 얼마나 중요한지 다시 한번 돌아보게 된다.

나는 알곡인가?
쭉정이인가?
나는 하나님의 말씀을 경청하는 자인가, 아니면 오만한 태도로 흘려듣는 자인가?

5. 누가 천국에서 큰 자인가?

 어떻게 해야 천국에서 큰 상급을 받으며 큰 자로 인정받을 수 있을까?

 성경은 복음을 아는 것을 넘어 복음을 삶으로 살아 내며 그것을 가르치고 전파하는 자가 하나님 나라에서 큰 자로 인정받을 것이라 한다(마 5:19).

> 내가 주와 또는 선생이 되어 너희 발을 씻었으니 너희도 서로 발을 씻어 주는 것이 옳으니라 내가 너희에게 행한 것 같이 너희도 행하게 하려 하여 본을 보였노라(요 13:14-15).

 교회를 함께 섬기며 동역하는 목회자가 있다. 그는 어렸을 때 소명 받은 은혜를 말할 때마다 고등어자반 이야기를 하곤 했다. 형편이 어려웠던 가난한 어린 시절, 출석하던 교회의 목사님은 매주 고등어 두 손을 준비해 심방을 다니셨단다. 그 덕에 목사님이 심방만 오시면 고등어 반찬을 먹을 수 있었고 목사님이 심방을 오시면 목사님보다 고등어가 그렇게 반가웠다고 한다.

그러면서 그때 목사님의 그와 같은 헌신에 감동되어 신학을 결심해 목회자가 되었다며 당신의 소회를 밝히시곤 한다. 목회자의 설교가 아닌 선포된 말씀에 이끌려 살아 가는 목회자의 헌신이 성도를 변화시켜 주님의 제자가 되게 하는 것을 잘 보여 주는 간증이다.

그러한 이야기를 들을 때마다 얼마나 무안해지고 부끄러워지는지 모른다. 요즘 같은 시대에 집집마다 고등어를 싸들고 다니며 심방하는 목회자가 어디 있을까마는, 먹을 것이 넘쳐나는 시대라 하지만 그걸 핑계 삼아 행함이 없는 목회를 합리화하려는 내가 너무나도 부끄럽다.

> 실상은 내가 젊었을 때부터 고아 기르기를 그의 아비처럼 하였으며 내가 어렸을 때부터 과부를 인도하였노라(욥 31:18).

욥은 하나님이 주신 물질로 형편이 어려운 자들을 구제하며 이웃 사랑을 실천했던 믿음의 소유자였다. 그 역시 자기가 소유한 물질을 행복의 기준으로 삼지 않았다고 단언한다(욥 31:24-28). 이러한 주장처럼 그의 신앙은 물질이 아닌 하나님 사랑에 목적을 두었으며 그로 말미암아 자기가 가진 물질을 주의 명령대로 사용했던 것이다. 그래서 우리는 욥이 하나님으로부터 축복을 받았다고 믿어 의심치 않는다.

하나님은 지금도 우리가 가진 소유가 복음의 도구로 사용되길 원하신다. 자기의 소유가 많든지 적든지 내가 가진 것을 나누며 행함으로 사랑하길 원하신다. 그럴 때 세상은 그들을 사랑하시는 하나님의 진심을 더욱 깊게 느낄 수 있을 것이라 확신한다.

6. 내가 바리새인이라니

> 화 있을진저 외식하는 서기관들과 바리새인들이여 잔과 대접의 겉은 깨끗이 하되 그 안에는 탐욕과 방탕으로 가득하게 하는도다(마 23:25).

예수님은 유독 바리새인들을 싫어하셨다. 그리고 그들에게 항상 화가 나 있으셨다. 그래서 그런지 바리새인들을 향해 거짓을 달고 사는 세리와 몸을 파는 여자들이 너희들보다 먼저 천국에 갈 것이라는 모욕적인 언사도 서슴지 않으셨다.

지금 시대에 비추어 보면 바리새인들은 성경을 연구하는 목사의 직분을 가진 사람들일 텐데 혹시 나는 바리새인과 같지는 않은지 항상 두려워하는 마음을 감출 수 없다.

예수님은 과연 바리새인들의 어떤 모습을 보시고 그토록 분노하신 것일까?

성경을 통해 알 수 있는 것은 그들의 삶에 외식하는 모습이 있었다는 사실이다. 우리가 일반적으로 알고 있는 외식은 속이 더러운 것으로 가득 차 있으면서 겉으로는 깨끗한 척하는 사람을 일컫는다.

성경을 보면서 그래도 나는 외식과 꽤 거리가 먼 사람이라는 생각이 들었다. 누가 봐도 진실한 사람이라는 생각이 들 정도로 살았다고 자부했다. 그런데 문득 말씀을 묵상하면서 나는 진실한 사람이 아니라 외식하는 사람이라는 것을 깨닫게 되었다.

"외식"이란 단어는 헬라어로 '휘포크리테스'로 쓰이는데 이 단어의 어원을 살펴보면 '연극배우'라는 뜻에서 시작되었다.

연극배우는 무엇을 위해 사는가?

관객을 위해 산다. 관객의 반응을 살피면서 망가지기도 하고 행복해하기도 한다. 예수님은 바리새인들을 연극배우와 같이 취급하셨다. 성경을 연구하는 자들이 하나님을 의식하는 것이 아니라 관객(사람)을 의식하고 살았다는 말이다.

나는 목사이지만 종종 연예인이 되어 무대 앞에 서 있는 꿈을 꾸곤 한다. 어느 날엔 인기가수가 되어 수천 명 앞에서 몸을 흔들고 있는 꿈을 꾸기도 했고, 어느 날엔 광대가 되어 사람들에게 웃음을 팔고 있는 꿈을 꾸기도 했다. 외식이 무엇인지 몰랐을 땐 이러한 꿈을 꾸어도 아무런 문제가 되지 않았다.

그런데 성경을 연구하면서 충격을 받게 되었다. 하나님은 나를 바리새인(연극배우)처럼 보고 계신다는 것을 알았으니 말이다. 글을 쓰는 지금도 눈물이 난다.

'내가 그토록 무시하고 경멸했던 바리새인이 바로 나였다니 …!'

구약에도 종종 바리새인들이 등장한다. 바로 모세의 형이었던 아론이 그랬다. 모세가 시내 산에서 더디 내려오자, 아론은 사람의 인기를 얻기 위해 조각칼로 새겨서 금송아지를 만들었다.

> 아론이 그들에게 이르되 너희의 아내와 자녀의 귀에서 금 고리를 빼어 내게로 가져오라 모든 백성이 그 귀에서 금 고리를 빼어 아론에게로 가져가매 아론이 그들의 손에서 금 고리를 받아 부어서 조각칼로 새겨 송아지 형상을 만드니 … (출 32:2-4).

나는 이스라엘 백성이 악했기 때문에 아론에게 신을 요구했다고 생각했었다. 그런데 자세히 읽어보니 성경에는 이와 반대의 말씀을 하고 있다. 백성이 악했던 것이 아니라 아론이 악했다는 말이다. 리더인 아론이 바리새인과 같이 행동했기 때문에 백성 역시 변하게 되었다는 것이다.

> 모세가 본즉 백성이 방자하니 이는 아론이 그들을 방자하게 하여 원수에게 조롱거리가 되게 하였음이라(출 32:25).

나는 아론을 보면서 성도를 탓하거나 그들에게 핑계하지 말아야겠다는 생각이 들었다. 아니 솔직하게 말한다면 성도의 신앙이 흔들리는 것은 목사의 외식 때문이라고 분명하게 외치고 있어 더는 이 사실을 숨길 수가 없다. 사람을 위해 목회를 하고 권세를 얻고자 노력하는 내게 근본적인 문제가 있는 것이다. 내가 바리새인이었다.

지금까지 하나님의 영광을 생각하기보다 어떻게 하면 성도들이 좋아할까를 더 많이 고민했으니 말이다. 내 안에 높아지고자 했던 바리새인과 같은 마음을 내려놓고 평생 말씀을 따라 순전하게 주님을 따르는 목회자로 살고 싶다.

7. 자기를 증명하려는 이유

처제가 서울 소재의 병원, 코로나 병동에서 간호사로 일하고 있다. 그런데 얼마 전 코로나에 걸린 진상 환자로 인해서 일이 너무 고되다는 이야기를 듣게 되었다. 알고 보니 약사협회장을 지냈다는 사람이 처제를 힘들게 하는 환자였다. 소위 업계에서는 명성을 날리던 사람이었다. 그 환자의 남편과 처제가 근무하는 병원의 병원장 사이에 친분이 있어 그 병원에 입원하게 되었다고 한다.

문제는 환자를 대하는 간호사들의 태도에 늘 불평하는 말을 하더라는 것이다.

"혈압계를 가슴 높이에 딱 맞게 위치해야 하지 않나요?"

"간호사가 초보라 뭘 모르네"

"이불은 꼭 일회용만 써야 하나요?"

"밖에서 하나 사다 주시면 안 될까요?"

"영 불편해서 이불값을 줄 테니 사다 주면 안 되나요?"

처제를 비롯한 간호사들이 정중하게 거절하면서 개인 이불을 쓰시려면 집에 연락해 택배로 받으시라고 권유하였지만, 살면서 택배를 이용해 본 적이 없어 못 하겠다며 고집을 부린다고 한다.

나는 그 이야기를 들으면서 약사협회장이 어떻게 코로나라는 전염병에 걸려서 환자로 입원하게 되었는지 충분히 짐작할 수 있었다(2019년 당시에는 코로나 환자가 그리 많이 발생하지 않았던 때다). 그분은 다른 사람의 이야기를 잘 듣지 않는 성향이 강한 것 같다.

그러니 국가에서 방역 수칙을 준수해 달라는 지침이 내려졌을 때도 집중해서 듣지 않았을 것이고 지키려는 의지 역시 전혀 없었을 것이라는 생각이 들었다. 처제나 간호사들을 대하는 그의 태도로 짐작해 보면 그렇다는 말이다. 나는 처제의 고된 직장생활 이야기를 들으면서 문득 바리새인들의 모습이 떠올랐다.

> 그들의 모든 행위를 사람에게 보이고자 하나니 곧 그 경문 띠를 넓게 하며 옷 술을 길게 하고 잔치의 윗자리와 회당의 높은 자리와 시장에서 문안 받는 것과 사람에게 랍비라 칭함을 받는 것을 좋아하느니라(마 23:5-7).

바리새인들은 다른 사람들에게 능력을 과시하고 자기의 부를 나타내는 것을 즐겼다. 예수님이 많은 병자를 치료하고 복음을 전하실 때도 이들은 자기가 가진 인기와 영향력이 떨어질까 두려워 예수님을 깎아내렸던 사람들이기도 하다.

그런데 이런 모습이 내 안에도 있음을 알게 되었다. 사역하면서 성도들이 나의 실력을 알아봐 주기를 바랐던 적이 한두 번이 아니다.

"내가 얼마나 주를 위해 헌신했고 몇 년을 사역했는데 말이야."

게다가 요구를 잘 따라주지 않기라도 하면 복음을 제대로 전하지 못한 내 탓이 아니라 성도들 탓이라 불만을 토로하기도 했다.

왜 이렇게 자기를 증명하고자 하는 노력을 포기하지 못하는 것일까?

나는 그 원인이 어려서부터 잘못된 복음을 듣고 자랐기 때문이라는 것을 알았다. 교회 사역을 시작한 이후 어머니께서 자주 말씀하신 것이 하나 있었다.

"문성아, 교회에서 인정받고 있지?

사람들에게 잘한다는 소리 들어야 해!"

사람들은 반문할지도 모른다.

'그게 무슨 문제라도 된다는 말입니까?'

그런데 놀라운 것은 언제부터인가 나도 모르게 어머니의 말씀에 동의해 행동하는 모습을 느낄 수 있었다. 성도들에게 인정받고 잘한다는 소리를 듣기 위해 사역하는 모습을 보게 되었다는 사실이다.

> 인자로 말미암아 사람들이 너희를 미워하며 멀리하고 욕하고 너희 이름을 악하다 하여 버릴 때에는 너희에게 복이 있도다 그 날에 기뻐하고 뛰놀라 하늘에서 너희 상이 큼이라 그들의 조상들이 선지자들에게 이와 같이 하였느니라(눅 6:22-23).

성도들에게 칭찬받는 것이 잘못되었다고 할 수는 없지만 주님을 따르는 자는 오히려 사람들에게 미움받고 욕을 먹으며 버림받아야 한다고 말씀하신다. 사람들로부터 칭찬받고 인정받으면 어떤 위험에 이르게 될 수 있는지를 이미 알고 계셨기 때문이다. 아니 주님만을 따르면 사람들의 요구를 충족시킬 수 없게 되므로 그들로부터 비난당하고 욕먹게 될 것을 아신 것이다.

이에 사람이 아닌 하나님께 구하고 주님을 의지함으로 믿음에 합당한 삶을 살아야 하늘에서 상이 크다고 말씀하시며 오직 믿음을 가지고 신실하게 주님만을 따를 것을 격려하시는 것이다.

안타깝지만 나는 주님 말씀에 순종한다는 이유로 미움을 산 일도 혹은 사람들에게서 버림을 받아 본 일도 없다. 오히려 기복주의에 사로잡혀 사람들의 비위와 요구에 맞는 말씀을 전하려 눈치를 보았고, 감언이설로 감동적인 말씀을 전하므로 설교 잘하는 목사요, 훌륭한 목사라는 칭찬을 받으려고 노력했다.

사람들에게 인정받기를 원했고 사람들로부터 능력 있는 목사라고 존경받기를 열망했다. 그러므로 나의 존재감이 드러나길 바랐다. 말씀에 기준을 두지 않고 사람들의 필요에 관점을 돌리면서 반응을 살피는 일에는 무척이나 부지런했다.

> 사람에게 보이려고 그들 앞에서 너희 의를 행하지 않도록 주의하라 그리하지 아니하면 하늘에 계신 너희 아버지께 상을 받지 못하느니라(마 6:1).

성경은 자기를 증명하려는 자는 하나님께 상을 받을 수 없다고 경고한다.

목회자가 받은 사명은 무엇일까?

복음이다.

그렇다면 나를 증명하고자 노력하는 사역자에게는 무엇이 없는 것일까?

바로 그 복음이 없다. 복음이 없으니 무슨 말을 해도 복음을 전할 수 없는 것이다. 믿음의 선조와 같이 말씀에 순종해 오직 복음으로 살아 가면 사람들에게 자기를 증명할 길이 없어지는 것처럼 보이기도 한다. 그래서 더욱더 자기를 입증하기 위해 애를 쓰는 안타까운 상황에 이르게 된다.

나는 어떤 목회자인가?

사람들에게 나의 무엇인가를 증명하고자 하는 목회자인가?

아니면 사람들에게 미움을 사더라도 하나님이 주시는 복음만을 전하는 목회자인가?

이전의 잘못된 신앙에서 벗어나 나를 드러내는 어리석은 목사가 아니라 하나님의 영광만을 드러내기 위해 사역하는 목사로 살기를 다시 한번 다짐하며 기도한다.

8. 기도하는 사람은 늘 감사한다

    지난날 신앙이 연소했던 전도사 시절, 겨울이 되면 난방비 걱정에 근심이 가득했다. 그래서인지 바람이 차가워지면 돈을 아껴서 사용해야겠다는 생각에 사로잡힌다. 그래야 겨울을 어려움 없이 지날 수 있기 때문이다.

    물론 그러한 나의 본능을 하나님이 좋게 여기실 리 없다. 아니 단언컨대 기뻐하시지 않는다. 그도 그럴 것이 하나님은 우리가 돈을 의지해서 살아 가는 것이 아니라 하나님을 의지하며 기도하기를 원하시기 때문이다.

    지금 생각해 보면 나는 항상 계산적이었다. 늘 아껴야지만 겨울을 날 수 있다고 생각했고, 그러한 나의 어리석음을 꼬집기라도 하듯이 하나님은 상황을 통해 말씀하신다.

    당시 옆집에는 사랑하는 신학교 후배가 살고 있었는데, 후배는 겨울이 되면 하나님께 기도하기 바빴다.

    "하나님, 기름이 떨어졌어요. 하나님이 도와주셔야 합니다. 올겨울도 잘 보낼 수 있도록 꼭 도와주세요."

그때 나는 하나님은 이런 순수한 기도를 기뻐하신다는 것을 느끼게 되었다. 왜냐하면, 후배가 하나님께 기도하고 얼마 지나지 않아서 선교회 대표 목사님을 통해 가정별로 보일러 기름 한 드럼씩을 지원받게 되었기 때문이다. 기름을 지원받은 모든 식구는 하나님께 감사의 기도를 올릴 수 있었다.

하지만 분명한 것은 감사의 차원이 다르리라. 기도하며 소망한 사람은 기도에 응답을 받았다고 확신하며 깊은 감사를 하나님께 올릴 수 있지만, 자기의 힘을 믿고 계산했던 사람은 하나님이 얼마나 큰 은혜를 주셨는지 깨달아 알지 못한다. 말로는 감사하겠지만 그저 운이 좋았다고 여길 것이다.

왜 그럴까?

그는 자기 머리로 계산하며 하나님의 도움을 기도하지 않았기 때문이다. 성도의 신앙은 하나님의 응답을 통해 성장하기도 한다. 내가 기도한 것을 하나님이 들으신다고 확신하는 순간 큰 차원의 신앙으로 성장하게 된다.

> 내가 여호와께 간구하매 내게 응답하시고 내 모든 두려움에서 나를 건지셨도다(시편 34:4).

시편을 통해 바라본 다윗은 하나님으로부터 응답을 많이 받는 모습을 보여 준다. 그런데 그 응답은 거창한 것이 아니었다.
"하나님, 산짐승이 오고 있어요. 양들을 보호해 주세요."

"원수가 나를 쫓아오고 있어요. 나를 숨겨주세요."

"피할 길을 보여 주세요."

거창한 기도는 아니었지만, 많은 부분에 세밀한 하나님의 응답이 있었고, 다윗의 감사가 있었다. 모든 성도는 하나님께 똑같은 하루를 허락받는다. 그러나 어떤 성도는 하루 동안 한 번도 주님께 기도하지 않는다.

그렇다면 왜 기도하지 않는 문제를 가지고 있는 것일까?

하나님의 역사하심을 믿지 못하기에 그렇다. 아무리 기도해도 응답해 주시지 않는다는 것이다. 그러나 그것은 말씀을 믿지 못하는 어리석은 모습이다. 분명히 하나님은 삶을 통해 많은 말씀을 해 주고 계심을 잊지 말아야 한다. 오히려 삶에서 역사하시는 하나님의 음성에 대해 깨닫지 못하는 나의 문제라 할 수 있다.

또한, 하나님께 기도하지 않는 이유는 자기가 가진 능력을 의지하기 때문이다. 사람은 물질을 많이 소유하면 할수록 기도가 줄어드는 것은 당연한 이치다.

자기가 해결할 수 있는 것이 많아지는 데 기도할 필요를 느끼겠는가?

그렇지 않을 것이다. 자녀를 키워 본 사람은 알 수 있다. 어린아이가 스스로 아무것도 할 수 없을 때 모든 것에 대해 도움을 요청한다. 과자 봉지를 여는 일, 요구르트 뚜껑을 까는 일 등 하지만 시간이 지나 초등학생만 되어도 도움을 요청하는 일이 현저히 줄어든다. 부모의 도움 없이 스스로 해결할 수 있기 때문이다.

추운 겨울에 머리를 굴리며 기도하지 않는 이유도 마찬가지다. 카드 할부를 이용해서 겨울을 날 수 있고 돈을 아껴서 해결할 수 있다고 생각하면서 살게 되니 기도하지 않는 것이다.

누가 하나님께 응답받고 감사하는 삶을 살게 되는지 생각해 보자. 내 능력을 의지하고 기도해도 응답하시지 않는다고 생각하는 사람은 하나님의 응답을 받기가 어려울 것이다.

다윗과 같이 사소한 문제일지라도 하나님께 기도하고 구하는 습관을 지녀야 한다. 그러면 우리의 작은 신음에도 응답하시는 하나님의 마음을 알게 되고, 삶 속에 감사가 충만한 삶을 살게 되리라 믿어 의심치 않는다.

9. 교회인가? 공연장인가?

 전도사 시절 규모가 제법 있는 한 교회에 면접을 보러 갔던 일이 있다. 말쑥하게 차려입고 교회 사무실에 도착해 보니 담임목사님을 대신해 부목사님이 기다리고 계셨다. 반가이 맞으신 부목사님은 자리에 앉은 내게 먼저 교회의 규모와 전통을 들려주셨다.

 그리고 그동안 사역하면서 얼마의 사례를 받으며 섬겼는지 질문하셨다. 조금 당황스러운 질문이었으나 나는 솔직하게 작은 교회를 섬기며 받은 사례비의 액수를 말씀드렸다.

 나의 답을 들으신 목사님은 잠시 생각에 잠기는 듯하시더니 우리 교회는 맡은 부서를 부흥시키면 능력에 따라 사례를 올려 준다는 말씀을 하시면서 자기는 현재 많은 사례를 받고 있다고 자랑하듯 말씀하셨다.

 그리고 교회 사역에 관한 전반적인 설명을 이어가셨다. 그 말씀을 다 듣고 나서 이런 질문을 드렸다.

 "그럼, 제가 무엇을 맡아서 사역을 감당하면 될까요?"

"토요일에 오셔서 연극을 준비해 주세요. 주일예배 때마다 진행되는 콩트를 맡아주셔야 합니다. 그리고 혹시나 연극을 잘 못하셔도 교사들이 전문 배우들이니 협력해서 하면 됩니다."

그리고 이렇게 덧붙이셨다.

"연극이 끝나면 5분 정도 간단히 설교해 주고 기도로 마치면 아이들이 지루해 하지 않고 좋아합니다."

나는 목사님의 말씀을 듣고 잠시 정신이 멍해졌다. '아이들을 즐겁게 하기 위해 설교를 5분만 하라니' 나는 그제야 화려한 교회를 돌아보며 하나님의 뜻이 무엇인지를 묵상하기 시작했다.

목사님은 나를 좋게 보시고 당장 이번 주 토요일부터 연극을 준비해 달라고 하셨지만 정중하게 한 주간만 기도한 후에 결정하고 싶다는 말씀을 드리고 집으로 돌아왔다.

그날 밤 예배드리면서 면접을 다녀 온 교회에 대해 하나님께 보고를 드렸다. 그리고 아버지의 뜻이 어떠한지 말씀해 달라는 기도를 드리고 잠자리에 들었다. 그런데 신기한 일이 일어났다.

꿈속에서 다시 면접을 보러 교회로 향하고 있는 것 아닌가?

그리고 교회 입구에 도착했을 때 황당한 상황이 벌어졌다. 교회 입구에서부터 면접을 보았던 사무실 안까지 온통 개구리로 가득해서 더는 교회로 진입할 수가 없었.

> 아론이 애굽 물들 위에 그의 손을 내밀매 개구리가 올라와서 애굽 땅에 덮이니(출 8:6).

하나님이 내리신 재앙 속 개구리는 애굽 사람들이 섬기는 '헤케트'를 말한다. 이는 애굽의 여신으로 다산을 상징한다. 많은 자손을 낳게 하므로 사람들에게 유익을 주고 가문을 일으키고자 믿는 신이다.

하나님이 면접을 보기 위해 도착한 교회에 개구리로 가득 차 있는 모습을 보여 주신 것은 과연 나에게 무엇을 말씀하고 싶으셨던 것일까?

출애굽기의 말씀을 보며 하나님의 영광이 아닌 훌륭한 재정적 조건을 보며 흔들렸던 나의 잘못된 생각을 돌이키게 하셨다. 더욱이 하나님이 아닌 사람들에게 기쁨과 흥미로움을 제공하므로 오직 수적인 부흥만을 꿈꾸는 교회 위에 어둠의 영들이 크게 역사하고 있음을 알게 하셨다.

하나님은 사람을 위한 교회에 계시지 않으신다. 오직 하나님만 바라며 그분의 영광에 집중하는 교회를 사랑하시며 함께하시는 분이다.

10. 아첨하지 말라

> 경건하지 않은 사람들은 원망하는 자며 불만을 토하는 자며 그 정욕대로 행하는 자라 그 입으로 자랑하는 말을 하며 이익을 위하여 아첨하느니라 (유 1:16).

『백년을 살아보니』의 저자이신 김형석 교수의 강연에서 들은 말이다.

"여러분, 아첨하지 마세요. 그것은 성숙하지 못한 사람에게서 나오는 행동입니다."

그 메시지를 듣고 난 후 깨달음과 함께 한동안 깊은 생각에 잠겼다. 내게도 다분히 아첨하는 기질이 있다는 생각 때문이다. 대부분 사회 초년병에게 던지는 메시지였지만, 그날의 메시지는 비수가 되어 패기 넘치는 젊은이들이 아닌 내 가슴 한복판에 그대로 날아와 꽂히고 말았다.

자기보다 약하거나 부족한 사람에게 아첨하는 사람은 없다. 아첨이란 높은 자리에 있는 사람에게 환심을 사거나 잘 보이고자 알랑거리는 행동이나 말이다.

그러니 어찌 자기보다 못하거나 낮은 사람에게 그런 행동을 하겠는가?

따라서 아첨은 기본적으로 그 대상으로부터 무언가를 얻어내려는 사특한 목적이 내재 되어있다. 예를 들면, 출세의 길을 얻으려 하거나 부귀영화를 얻으려는 목적이 숨어 있다.

이를 위해 권력자들을 아침저녁으로 찾아가 문안 인사를 드리고, 그들의 안색을 살피면서 그 사람이 하는 말이면 무조건 좋다고, 훌륭하다고 입에 침이 마르도록 칭찬하므로 환심을 산다. 마침내 아첨이 그들의 눈을 어둡게 하거나 판단력을 흐리게 해서 자기의 목적을 달성하려는 짓이다.

이와 같은 아첨은 오직 자기의 야망을 이루기 위한 수단이 될 수 있을지 모르지만, 하나님의 영광은 드러내지 않는다는데 큰 문제가 있다.

> 벨릭스 각하여 우리가 당신을 힘입어 태평을 누리고 또 이 민족이 당신의 선견으로 말미암아 여러 가지로 개선된 것을 우리가 어느 모양으로나 어느 곳에서나 크게 감사하나이다(행 24:3).

사도행전에서 유대의 지도자들이었던 대제사장과 서기관들이 아첨하는 모습을 볼 수 있다. 그들은 더둘로라는 변호사를 앞장세워 유대 총독을 찾아가 이렇게 아첨의 말을 했다.

"벨릭스 각하여, 당신 때문에 우리가 태평을 누리고 있고, 또 이 민족이 당신의 선견으로 말미암아 여러 가지로 개선한 것을 잘 알고 있습니다. 이에 어느 모양으로나 어느 곳에서나 크게 감사드립니다."

어떻게 해서든지 유대 총독에게 잘 보여서, 그가 가진 힘을 이용해 눈엣가시인 사도 바울을 죽이고 자기들의 야망을 이루고자 한 것이다.

과연, 그 행위를 하나님의 나라를 위한 일이라 할 수 있을까?

유대 지도자들의 아첨은 자기들을 함정에 빠뜨리고 말았다. 아첨을 통해 유대 총독 벨릭스를 신과 같은 존재로 만들어 버린 것이다. 하나님을 힘입어 살아야 할 대제사장과 서기관들이 총독의 마음을 얻고자 신앙까지도 등지는 배반의 모습을 보이고 있었다.

나는 아첨을 단순히 '인정받고 싶어서 남들 눈에 좋게 보이고자 하는 작은 죄악'이라고 생각하곤 했다. 하지만 성경을 통해 깨닫게 된 것은 아첨이 우상숭배가 될 수 있다는 사실이다.

그러므로 우리 안에 아첨하는 기질이 있다면 주저함 없이 내려놓아야 한다. 그것으로 자기의 유익이나 목적하는 바를 얻을 수 있을지 모르나 결코, 하나님께 영광을 돌릴 수도 없고 사람을 신으로 만드는 완악한 우상숭배 행위라는 것을 기억하며 하나님을 두려워하는 마음을 가지고 반드시 이러한 길에서 떠나길 바란다.

11. 담박하고 간소한 삶

> 너희 전대에 금이나 은이나 동을 가지지 말고 여행을 위하여 배낭이나 두 벌 옷이나 신이나 지팡이를 가지지 말라(마 10:9-10).

한 교회에서 함께 사역하던 진도사님이 필리핀 해외 선교사로 파송을 받게 되었다. 자신만만하게 자원한 선교사의 길이었지만 막상 파송 예배 후에 출국 날짜가 다가오자, 걱정이 이만저만이 아니었다. 온 가족이 필리핀으로 이주해야 했는데 나중에는 챙겨야 할 짐이 너무 많아 갈등하고 계셨다.

필리핀으로 출국하기 위해서는 40킬로그램의 짐밖에 챙길 수가 없었다. 선교지에서 보겠다며 두꺼운 성경 주석과 자녀를 위한 옷가지들도 준비해 두셨다. 게다가 환경에 맞추어 여러 켤레의 신발과 소소한 세간살이까지 세세히 준비하셨는데 이 정도면 이민이라고 해도 과언이 아닐 정도의 엄청난 짐이었다.

고민 끝에 선교사님은 결국 모든 짐을 내려놓고 최소한의 필요만 준비해 가기로 마음을 정하셨다. 복잡했던 생각을 정리하는 과정에서 오직 선교 사역에만 집중했더니 잡다한 물건들이 오히려 버겁게 느껴지더란다.

예수님은 전도를 떠나는 제자들에게 소유에 대한 집착을 버릴 것을 당부하셨다. 허망한 땅의 것에 욕심을 부리며 그것에 매이기보다 오로지 하늘만을 소망하며 간소한 삶을 주문하신 것이다.

하지만 나를 돌아봐도 예수님의 이 명령에는 그리 관심이 없다. 언젠가 꼭 필요하다고 생각하는 핑계를 대며 이것저것 너무 많이 쌓으면서 살아 가는 것이 사실이다. 말로는 예수가 나의 전부라고 떠들어 대지만, 사실은 땅의 것을 더 많이 소유하고 그 소유물을 얻기 위해 온갖 에너지를 쏟느라 진정한 가치는 잃어버리고 있다.

'하나님이 내게 주신 사명을 감당하기 위해 소유해야 할 짐의 무게는 얼마면 될까?'

'40킬로그램의 짐이면 충분하지 않을까?'

이 땅에서 많이 가지고 누리는 것을 좋아했지만 복잡하고 무겁게만 느껴지는 내 삶을 돌아보며 그것이 주님이 보내시는 사역에 방해가 된다면 고민 없이 내려놓아야 함이 당연하다.

야곱이 세상의 모든 권세를 가졌던 바로 앞에서 스스로를 소개했던 말씀이 생각난다. 나도 야곱과 같이 이 땅을 잠시 지나치는 나그네 아니던가(창 47:9). 이 땅에서 천년만년 살 것도 아닌데 욕심을 버리고 주를 위해 담박하게 살고 싶다.

12. 예수 안의 참 행복

평소에 〈세계테마기행〉이라는 프로그램을 즐겨 시청하는 편이다. 한 번은 그 프로그램에서 이스라엘의 사회와 문화를 소개한 일이 있었다. 그때 내 눈길을 끌었던 장면이 하나 있었다. 유대인 한 남자가 '통곡의 벽'에서 기도 제목을 꽂아 두고 간절히 기도하는 장면이었는데 그 모습이 내게는 큰 은혜로 다가왔다. 그리고 그 모습을 보며 이런 생각이 들었다.

'과연 저 사람은 무엇을 위해 그토록 간절히 기도하는 것일까?'

그런데 이어지는 해설가의 말이 내 인상을 찌푸리게 하고 말았다. 통곡의 벽에서 간절히 기도하는 사람들 모두 지난날 솔로몬 시대의 부귀와 영광이 다시 도래하기를 바라며 저렇게 기도한다는 것이었다.

사사 시대를 겪은 이스라엘 민족은 주변국들의 경제적 성장을 목격하였다. 그때 저마다 왕을 세워 비약적으로 발전하는 모습에 믿음이 흔들리기 시작했다. 결국 그들은 하나님께 자기들을 다스릴 왕을 요구하고 나섰다. 이스라엘에 왕이 세워지면 주변 나라처럼 강성해지리라는 생각이었다.

이스라엘을 다스리시는 실제적인 왕이 창조주 하나님이셨지만 그들은 오직 자기들의 안전과 나라의 발전을 위해 헌신할 힘과 지혜를 겸비한 인간 지도자를 원했던 것이다.

솔로몬이 집권하던 시대에는 이스라엘에도 경제적 부흥기가 찾아오게 된다. 어찌나 나라가 부유했던지 성경은 은이 돌같이 흔하였다고 한다(왕상 10:27).

그렇다면 과연 그 시대를 살아 가던 이스라엘 백성은 믿음이 충만했을까?

다들 아는 것과 같이 풍요로운 삶과 신앙이 꼭 비례하는 것은 아니었다. 오히려 그들은 자기의 경제적인 안정을 위해 전전긍긍하였고, 주변 나라들을 경계하며 늘 노심초사했다.

> 그 후에 내가 생각해 본즉 내 손으로 한 모든 일과 내가 수고한 모든 것이 다 헛되어 바람을 잡는 것이며 해 아래에서 무익한 것이로다(전 2:11).

충격적인 사실은 솔로몬 왕이 자기 손으로 이루었던 수고와 모든 일이 헛되고 헛되다고 고백한다는 사실이다.

왜 이런 고백을 하게 되었을까?

그 많은 부를 축적한 중추적 왕이었고, 심지어 나라의 부흥기를 주도한 왕이었다. 하지만 그의 고백을 살펴보면 정작 그의 마음에는 평안히 없었던 것으로 보인다. 아니 오히려 물질적 풍요가 하나님을 향한 믿음을 훼방해 허망한 것에 집착하게 되었기 때문에 하나님의 평안을 잃고 말았다.

행복과 쾌락을 혼동하는 자들이 더러 있다. 행복은 소유의 많고 적음에서 오지 않는다는 것을 깨달아야 한다. 행복은 오직 하나님의 관계에서만 실현되는 참된 가치이다. 하나님과 깊이 사귀며 그분을 의지하며 살아 갈 때 얻게 되는 것이 평안함이고 이것으로 인해 행복이 임하는 것이다.

마치 철없는 아이가 부모의 사랑과 보호 아래에서 아무 근심 걱정 없이 하루하루를 마음껏 뛰어노는 것과 같다. 연약한 자녀를 위하는 부모의 헌신 덕에 매일 무탈한 삶이 이어지는 것처럼 날마다 나를 지키시고 보호하시며 필요를 공급하시는 하나님 아버지께 감사하게 되는 것이 평안이고 이게 참된 행복이다.

예수님의 비유로 등장하는 탕자가 그러한 사실을 다시 한번 일깨워 준다. 탕자가 아버지를 떠난 이유는 향락 때문이었다. 아버지께 받은 재산을 모두 허비하면서까지 자기가 즐기려는 유흥에 모든 것을 다 걸었다. 어리석은 탕자가 정의한 행복은 그런 것이었다.

하지만 탕자는 곧 재물, 자기의 모든 것을 탕진하기에 이르렀고 급기야 짐승과 같은 처지에 놓이고 말았다. 참으로 다행인 것은 좌절해 절망적인 상황에서 자기의 잘못된 생각을 고쳐먹고 참된 평안과 행복은 아버지께 있음을 깨닫게 된 것이다.

그로 인해 다시 아버지의 집으로 돌아갈 수 있게 되었다. 아버지는 무일푼 거지 신세로 귀향한 아들을 내치지 않으셨다. 오히려 참된 행복을 깨달아 아버지의 품으로 돌아온 아들을 더욱 사랑스럽고 존귀하게 여기고 환영하며 반기었다. 참된 행복은 하나님 안에 있다. 그의 품에 거하며 그분의 다스림을 받을 때 우리는 가장 행복한 삶을 누릴 수 있다는 사실을 잊지 않아야 한다.

13. 반응은 중요하다

급성 폐렴으로 인해서 열흘 동안 병원에 입원한 적이 있었다. 병원에 있는 시간이 답답했지만, 그때 병실의 상황을 통해 귀한 하나님의 음성을 듣게 되었다.

옆 침대에는 같은 폐렴으로 고생하시는 할아버지가 계셨다. 그분은 병환이 중해 안타깝게도 산소 호흡기로 숨을 쉬어야 하는 상황까지 이르게 되었다. 식사할 때도 코에 호수를 낀 채 주사기로 밥을 넣어야 했으나 할아버지는 고집을 부렸다.

"나는 아직 이빨이 튼튼한데 내가 왜 콧줄로 답답하게 밥을 먹어야 해?"

이렇게 말씀을 하시며 고래고래 고함을 지르셨다. 결국, 고집을 이기지 못한 의사는 일반식으로 식사를 이어가도록 처방하셨다. 그러나 얼마 지나지 않아 음식이 식도에 걸려 호흡을 막게 되었고 심정지 상태가 되어 의식을 잃게 되는 위급한 상황이 발생하고 말았다. 나는 의식이 없는 할아버지를 보면서 속으로 이런 생각이 들었다.

'의사 처방을 무시하고 고집을 부리면 저러다가 죽을 수도 있겠구나!'

순간 무서움이 밀려왔다. 다행히도 간호사의 빠른 대처로 인해서 생명을 건질 수 있었지만 아무도 없는 상황에서 심정지 상태가 왔다면 할아버지는 생명을 잃게 되었을 것이 분명하다.

하나님의 음성이 들릴 때 어떻게 반응하느냐가 참 중요하다고 생각한다. 제 고집에 사로잡혀 하나님의 말씀을 거부한다면 잠시 자기의 욕망을 충족할 수 있을지는 모르지만, 머지않아 그 선택으로 인해 도리어 목숨까지도 잃게 될 수 있음을 잊지 말아야 한다.

> … 내가 진실로 너희에게 이르노니 세리들과 창녀들이 너희보다 먼저 하나님의 나라에 들어가리라 요한이 의의 도로 너희에게 왔거늘 너희는 그를 믿지 아니하였으되 세리와 창녀는 믿었으며 너희는 이것을 보고도 믿지 아니하였도다(마 21:31-32).

예수님의 말씀을 듣기 위해서는 '자기 부정'이 필수다. 그것은 바로 아집과 고집을 버리는 것이다. 바리새인들과 서기관들은 자기의 가치와 기준을 포기하지 않았다. 이미 사회적으로 존경받으며 종교적으로도 신뢰를 받는 위치에 있었으니, 자기의 가치와 교훈이 다른 이들을 옳게 하기에 충분하다는 생각이 만연했을 것이고 나아가 자기만이 옳다는 착각에 사로잡혀 어느 누구의 조언도 하찮게 여겨졌을 것이다.

그러나 세리와 창녀들은 세상에서 무엇 하나 자랑할 만한 것이 없었던, 스스로조차도 죄인이라는 생각에서 벗어날 수 없었던 사람인지라 누가 무슨 말을 해도 간절한 마음으로 달게 받아들여졌을 것이다.

게다가 우리 주님이 말씀하셨으니 그 어떤 말씀보다 더 소중하고 귀하게 받아들이지 않았을까?

하나님은 자기 의로 가득한 의인이 아니라 자기의 죄를 발견하고 두려워하며 가슴을 치고 변화를 소망하는, 자기를 부정하는 죄인을 찾으신다. 그런 믿음으로 살아 가는 이들에게 예수님은 말씀으로 함께하시는 분이다. 지금도 주님은 고집과 아집을 내려놓고 말씀에 경청하는 자를 기뻐하신다.

14. 너와 함께할 수 없을 것 같아

> 가인이 여호와 앞을 떠나서 에덴 동쪽 놋 땅에 거주하더니(창 4:16).

요즘 '반려견 천만 시대'라는 말이 있다. 우리 사회에서 반려견은 없어서는 안 될 만큼 중요한 영역을 차지하고 있는 듯하다. 간혹 산책길에서 각종의 유명한 강아지들이 자태를 뽐내고 다니는 것을 보는 것도 신기하고 눈요기가 되기도 한다.

그래서인지 TV를 켜면 반려견에 대한 프로그램이 적지 않게 방영되는 것도 볼 수 있다.

얼마 전 〈세상에 나쁜 개는 없다〉라는 프로그램을 시청하게 되었다. 주인의 통제를 따르지 않고 가족 일원을 심각하게 괴롭히는 강아지가 소개되었는데, 가족 중에는 이제 막 걷기 시작하는 어린아이도 있었다.

강아지의 일상을 지켜본 훈련사가 어떻게 그 행동을 바꾸어 나갈지 궁금해하며 지켜보았다. 그런데 전혀 예상치 못한 진행이 이어졌다. 기대와 달리 담당 훈련사는 강아지가 아니라 가족들을 불러서 이렇게 이야기를 시작하는 것이었다.

"미안하지만, 이 가정에서는 더 이상 개를 키우실 수 없을 것 같습니다. 주인과 반려견의 자리가 바뀌어서 반려견이 주인 행세를 하는 상황이라 자녀의 안위를 생각하신다면 사랑해도 보내셔야 합니다."

충격적이었다. 질서를 무시하는 반려견은 몸값이 얼마나 되는지가 중요한 것이 아니란다. 주인이 개를 얼마나 아끼느냐도 중요하지 않단다. 결국, 강아지는 주인 곁에서 떨어질 수밖에 없었다. 국내 최고의 훈련사가 내린 결정이다.

그때 훈련사의 그 말은 내게 하나님의 음성처럼 들려왔다. 성경에서 성도들이 망각하지 않아야 하는 것이 있는데 그것은 바로 '질서'라는 말씀이다. 사람이 아무리 뛰어나다고 할지라도 하나님의 자리를 대신 할 수 없다. 개가 사람의 자리를 대신 할 수 없듯 말이다.

> 또 자기 지위를 지키지 아니하고 자기 처소를 떠난 천사들을 큰 날의 심판까지 영원한 결박으로 흑암에 가두셨으며(유 1:6).

성경에는 하나님이 영원한 결박으로 가두신 사탄에 대해 자기 처소를 떠난 천사들이라 정의하고 있다. 다시 말하면, 자기의 위치를 망각하고 질서를 깨뜨린 천사를 사탄이라고 칭하신 것이다.

이 말씀은 깊이 생각해야 할 필요가 있다.

하나님이 맡기신 나의 직무는 무엇인가?
성도로써 나에게 맡겨진 자리를 잘 지키고 있는가?
아니면 나의 자리를 떠나 하나님의 자리를 탐하며 주인 행세를 하고 있는 것은 아닌가?

만일 내 삶에 하나님 자리를 살아 가는 위험한 침범이 일어나고 있다면, 혹시 하나님이 '너와 함께 살 수 없을 것 같다'라고 말씀하시지 않는지 잠시 그분의 음성에 귀를 기울여야만 한다. 그래야 질서 회복을 위한 기회를 잃지 않을 수 있기 때문이다.

반려견은 아무리 똑똑하고 귀한 품종이라도 반려견이다. 만일 자기의 위치를 잊고 주인의 자리를 넘보게 되면 그 결과는 둘 중 하나가 될 것이다. 주인을 잃게 되든지, 아니면 자기 생명을 잃게 되든지 말이다.

15. 빚진 자의 마음을 품고

> 예수께서 바다 건너편 거라사인의 지방에 이르러 배에서 나오시매 곧 더러운 귀신 들린 사람이 무덤 사이에서 나와 예수를 만나니라(막 5:1-2).

예수님이 거라사인의 지방에 도착하셨을 때, 더러운 귀신에 들린 사람을 만났다. 예수님은 그 사람 안에 자리 잡고 있던 더러운 귀신들을 쫓아내어 돼지 떼에게로 들어가라 명하셨고, 마침내 거라사인은 귀신으로부터 자유를 얻게 되었다.

이 장면을 묵상하면서 예수님의 모습이 이전과는 조금 다르다는 것을 발견했다. 예수님은 귀신 들린 자와 병든 자를 만나셨을 때 치유하는 일을 행하셨다. 그때 항상 먼저 하시는 일이 하나 있었는데 그것은 병든 자들의 간절함을 보셨다거나 아니면 그 사람의 믿음을 보시는 것이었다. 하지만 이 사건에서는 거라사인에게 간절함이나 어떠한 믿음이 확인되었다는 기록이 전혀 등장하지 않는다.

그렇다면 예수님은 왜 귀신 들린 거라사인의 문제를 해결해 주시는 것일까?

나는 이러한 궁금증을 가지고 오랜 시간 이 사건을 묵상했다. 그러던 어느 날, 주님이 무지한 나에게 드디어 해답을 주셨다. 놀라운 사실은 그동안 볼 수 없었던 거라사인의 모습을 보게 해 주셨다는 것이다. 그것은 바로 빚진 자의 모습이었다.

> 예수께서 배에 오르실 때에 귀신 들렸던 사람이 함께 있기를 간구하였으나 허락하지 아니하시고 그에게 이르시되 집으로 돌아가 주께서 네게 어떻게 큰 일을 행하사 너를 불쌍히 여기신 것을 네 가족에게 알리라 하시니(막 5:18-19).

치료함을 받았던 거라사인은 은혜를 갚고자 예수님과 함께 있기를 청했다. 하지만 예수님은 '너희 가족들에게 복음을 전하라' 명령하시면서 예수님과 함께 있는 것을 허락하시지 않으셨다. 만약 내가 귀신 들렸던 거라사인이었다면 가장 먼저 가족들을 만나고 싶어 했을지 모른다.

귀신이 들렸다는 이유로 가족으로부터 버림받고 무덤에서 죽은 자와 같이 살았는데 이제 건강을 회복하였으니 당장이라도 가족들에게로 돌아가 건강해진 모습을 보여 주고, 그리웠던 가족들과 함께 먹고 마시며 살고 싶은 마음을 어떻게 막을 수 있겠는가!

그런데 여기에서 놀라운 것은 거라사인의 반응이다. 예수님의 은혜를 입은 거라사인은 가족도 아니고 집도 아니고, 예수님 따르기를 열망했다. 빚진 자의 마음으로 예수님께 받은 은혜를 전파하는 삶을 선택한 것이다.

> 그가 가서 예수께서 자기에게 어떻게 큰일 행하셨는지를 데가볼리에 전파하니 모든 사람이 놀랍게 여기더라(막 5:20).

그가 빚진 자의 마음을 가지고 예수님의 기적을 선포하며 전도한 데가볼리는 열 개의 도시를 말한다. 다시 말해 거라사인은 누가 시키지도 않았는데 열 곳의 도시를 돌면서 받은 은혜를 전했다는 것이다.

성경을 읽으며 부끄러운 마음이 밀려왔다. 분명 누구보다도 하나님으로부터 큰 은혜를 받은 사람이라 여기기 때문이다. 나는 어린 시절 어떠한 꿈도 없었고 남들보다 학습 능력도 떨어졌다. 대학 진학도 쉽지 않았던 사람이었다. 그런데 하나님은 그런 무능한 나에게 목사의 일을 감당할 수 있도록 부르셨다. 생각만 해도 가슴이 벅차고 얼마나 감사한지 모른다.

하지만 그 큰 사랑을 받았음에도 불구하고 치유를 받았던 거라사인과 같이 하나님께 빚진 자의 마음으로 주님이 주신 은혜를 전하며 살지는 못했다. 정말 부끄럽고 죄송함을 감출 수가 없다.

만일 하나님께 받은 사랑이 넘치고 있음에도 불구하고 구원의 은혜를 기억하지 못하고 배은망덕하게 살고 있다면 거라사인의 모습을 통해 부끄러운 삶에서 돌이키는 기회가 되기를 바란다.

그래서 거라사인처럼 용기를 내어 받은 은혜를 전하고 하나님의 사랑에 빚진 자로 살아 가는 멋진 성도가 되기를 소망한다.

16. 잊을 수 없는 한 마디

> 그는 훈계를 받지 아니함으로 말미암아 죽겠고 심히 미련함으로 말미암아 혼미하게 되느니라(잠 5:23).

 신앙생활을 감당하는 성도를 객관적으로 판단하고 쓴소리를 해주는 멘토는 꼭 필요하다는 생각이 든다. 왜냐하면, 모든 인간은 남의 허물이나 죄는 잘 보는데 자기의 죄는 잘 안 보려고 하는 어리석은 모습이 있기 때문이다. 그래서 나는 평소에 나의 실수를 진실하고 바르게 지적해 주고 회개할 수 있도록 인도하는 사람이 진짜 나를 위해주고 사랑하는 사람이라는 생각을 하게 되었다.

 그래서인지 성도들을 대하는 내 태도도 마찬가지다. 어떤 경우에는 성도들을 칭찬하는 말로 격려하지만, 어떤 경우에는 아픈 소리도 주저하지 않는 것이다. 그런데 그때마다 성도들의 반응은 나의 예상과 전혀 다르게 나타나곤 했다. 쓴소리를 기쁘게 받아들이는 성도가 그리 많지 않은 것이다. 쓴소리보다 칭찬하는 말에 사람들이 쉽게 반응하고 좋아하는 것이 사실이다. 하지만 그럴 때마다 지난날 어리석은 내 모습을 보는 듯해 안타까운 마음을 숨길 수가 없다.

사실 나 역시도 쓴소리를 잘 받아들이지 못한 연소했던 시절이 있었다. 나의 영적 성장을 바라는 마음으로 고언을 던지는 자들을 비웃으며 속으로 비아냥거릴 때도 많았다. 물론 입을 열어 대꾸하지 못했지만, 어느 유명한 영화의 대사처럼 '너나 잘하세요'라는 교만한 생각이 가득 차 있었다.

잠언 말씀을 보면 훈계받지 않는 것은 심히 미련한 것이고 듣고 회개하지 않으면 그로 인해 영혼이 죽음에 이르게 되기도 한다는 충격적인 말씀이다.

충고와 훈계는 지혜가 있다는 말씀이고 생명을 살리는 능력도 있다는 말씀 아닌가!

나는 군대 생활을 훈련이 많지 않은 비교적 편한 부대에서 했었다. 하는 일이라고는 잠을 자고 휴식을 취하는 생활관 청소와 시설을 정비하는 일이 대부분이었다. 나는 편한 군대에서 근무하게 된 것이 하나님의 인도하심이라고 사람들에게 자랑하며 좋아했다. 그렇게 전역할 때까지 힘들지 않은 군 생활을 하게 되리라 여겼었는데 어느 날, 문제가 생기기 시작했다.

그 시절 작전과에 근무하시는 한 상사님이 나를 미워했는데 툭하면 아주 사소한 것을 두고 꼬투리를 잡아서 시비를 걸었다. 게다가 내게는 매주 수요일에 병사들을 인솔해 교회로 가야 하는 임무가 있었는데 그분은 내가 제시간에 교회에 갈 수 없도록 자주 일을 만드셨다.

그렇지만 나에게도 기다리고 기다리던 전역 날이 찾아왔다. 그동안 정든 병사들과 간부들께 인사를 드리고 집에 가려는데 나에게 늘 핀잔만 주시던 작전과 상사님이 생각났다.

사실 그동안의 모습을 생각하면 인사하고 싶은 마음이 없었지만 그래도 마지막이니까 미워도 얼굴은 뵙고 가야 한다는 생각에 상사님을 찾아갔다. 그런데 웬일로 나를 반가이 맞아주시더니 이렇게 마지막 말씀을 해 주셨다.

"이문성, 그동안 군 생활 편했지?

누구 하나 힘들게 하는 사람도 없고. 군종으로 힘든 훈련도 피할 수 있으니 말이야 그런데 그런 편안한 환경이 마냥 좋은 거라고 생각하지 마라.

어린애가 사탕이 달고 맛있다고 그것만 먹으면 어떻게 되겠어?

이빨 다 썩는다. 내가 너 긴장하라고 그런거야. 그러니까 사회에 나가면 긴장 늦추지 말고 똑바로 행동해라"

그런데 어리석었던 나는 그분의 말에 감동은커녕 비웃음을 짓고 말았다.

'역시 기대를 저버리지 않는군. 다신 안 본다!'

하지만 인생을 살면서 크고 작은 고난이 찾아올 때마다 그분의 고언은 하나님의 음성처럼 내 귀를 때렸다.

"사탕만 좋아하면 이빨 썩는다."

칭찬만 듣기를 좋아하고 쓴소리를 들을 줄 모르면 어떻게 될까?

변화와 성장을 이룰 수 없을뿐더러 결국 교만해져서 하나님의 원수가 될 수밖에 없다. 쓰고 아픈 소리가 당시에는 괴로울 수 있으나 훈계는 우리를 돌이켜 생명에 이르게 하는 지혜임을 잊지 않는 성도가 되기를 간절하게 소망한다.

17. 죄를 숨기면 변화될 수 없다

고린도 교회 안에는 문제가 정말 많이 있었다. 서로 당을 짓기도 하고 세상 사람들도 하지 않는 음행을 저지르기도 했다. 그리고 기독교의 핵심 신앙인 부활을 믿지 않는 이들도 있었다. 그런데 신기하게도 사도 바울은 고린도 교회 안에서 일어나고 있는 문제에 대해 정확히 알고 있었다.

사도 바울은 고린도 교회의 그와 같은 문제를 어떻게 정확하게 알고 있었던 것일까?

그것은 성도 한 명이 죄를 고백했기 때문이다.

> 내 형제들아 글로에의 집 편으로 너희에 대한 말이 내게 들리니 곧 너희 가운데 분쟁이 있다는 것이라(고전 1:11).

사실 죄를 고백하는 것은 결코 쉬운 일이 아니다. 그러나 글로에와 같이 자기의 문제를 고백해야 변화될 수 있다. 많은 사람 앞에서 고백할 용기가 없다면 목사님을 찾아가 자기의 죄를 알리고 도움을 받아 해답을 얻어야 살 수 있다. 꼭꼭 숨기는 것이 능사가 아니라는 것을 알아야 한다.

지난날 나는 어리석은 신앙생활을 해왔다. 누군가 한 주 동안의 삶을 질문하면 게으름을 숨기기 바빴다. 나의 허물을 누구에게도 들키고 싶지 않아서 항상 잘 지내고 있는 척 대답으로 일관했다. 안타깝게도 그렇게 변화 없이 수년이 지난 후 사람들이 나에게 질문했던 이유를 알 수 있었다.

"문성아! 나는 한 주간 죄의 문제로 인해 많은 죄책감과 두려움으로 보냈는데 너는 어떠니?

나와 같은 문제가 없었니?"

이런 질문을 받은 나는 회칠한 무덤과 같이 속은 썩어가고 있지만 거짓말을 일삼았다.

"나는 잘살고 있어요."

얼마나 교만하고 어리석었는지 모를 일이다. 그때 조금 더 진실했더라면 더욱 빨리 영적 성장과 성숙한 신앙생활을 했을지 모른다.

누군가에게 나의 연약함을 솔직하게 인정하고 고백했다면 그는 연약한 나를 위해 기도해 주었을 것이다.

그리고 사도 바울과 같이 바른 해답을 제시해 주지 않았을까?

그랬다면 조금 더 빨리 변화될 수 있었을 것이고 젊고 혈기가 왕성한 그때 더 열심을 내어 하나님을 사랑하며 교회를 섬기는 일에 마음을 쏟았을 텐데 너무 아쉽지만 지나간 세월은 돌이킬 수 없다.

고린도 교회의 문제는 사도 바울의 편지를 통해 쉽게 해결될 일들도 있었다. 하지만 음행을 저지르고도 죄를 꼭꼭 숨겨 두어 고백하지 않았던 사람은 공동체에서 내쫓김을 당하게 되었다.

누구에게나 변화될 수 있는 골든 타임이 존재한다. 언제든 기회가 주어질 수 있기는 하나 모든 시간이 기회가 되는 것은 아니다. 만일 '언젠가는 변화되겠지 …' 하며 쉬쉬하게 된다면 해결할 기회조차 놓치게 된다는 것을 주의해야 한다.

고린도 교회는 죄를 숨기지 않고 솔직하게 고백했던 글로에 한 사람 때문에 많은 성도가 회개하고 문제 해결을 받을 수 있었다. 하나님은 오늘도 글로에와 같이 진실한 자를 찾으신다. 그게 내가 되었으면 좋겠다.

마치 1907년 장대현교회에 길선주 장로 한 사람의 고백이 평양 대부흥의 시작점이 되었던 것처럼 그런 전환이 일어나는 삶이 되고 싶다.

18. 표적을 구하는 신앙

> 예수께서 이르시되 너는 나를 본 고로 믿느냐 보지 못하고 믿는 자들은 복되도다 하시니라 예수께서 제자들 앞에서 이 책에 기록되지 아니한 다른 표적도 많이 행하셨으나 오직 이것을 기록함은 너희로 예수께서 하나님의 아들 그리스도이심을 믿게 하려 함이요 또 너희로 믿고 그 이름을 힘입어 생명을 얻게 하려 함이니라 (요 20:29-31).

예수님은 이 땅에서 사역하시는 동안 정말 많은 표적을 행하셨다. 하지만 요한복음을 기록한 제자 요한은 예수님이 행하신 표적을 전부 기록하지 않고 일부만 기록했다는 것을 알 수 있다. 이는 표적을 많이 보더라도 예수님을 하나님의 아들로 믿는 것은 아니라는 것을 의미한다.

예수님의 제자 도마는 예수님이 부활하셨다는 증거를 보고도 믿지 않았다. 부활하신 예수님을 직접 보고도 못 자국 난 손에 자기 손가락을 넣어 봐야 믿겠다고 했다. 많은 사람이 도마와 같이 표적을 원한다. 그러나 표적을 보았다고 해서 흔들림 없는 믿음이 생기는 것은 아니다.

노아는 당대의 의인으로 하나님의 부르심을 받아 배를 만들고 많은 사람에게 하나님의 진노가 내릴 것을 선포했다. 하지만 당시의 사람들은 시집가고 장가가고 술에 취해 예고의 메시지를 무시하고 회개하지 않았다. 이것을 통해 깨달을 수 있는 것은 표적이 사람을 변화시킬 수 없다는 것이다.

표적은 무엇인가?

사람의 능력이라 할 수 있다. 사람이 가진 재능과 능력은 이목을 집중시킬 수 있겠지만 변화와는 무관하다.

한번은 사역하는 교회에서 주일 오후예배 찬양 인도를 맡아 달라는 부탁을 받게 되었다. 그래서 한 주간 열심히 묵상하면서 멘트도 준비했고 기타를 잘 못 치기 때문에 방해가 되는 어려운 코드를 제거하면서 자연스럽게 예배를 인도할 수 있도록 연습하고 준비해서 교회에 갔다. 그리고 오후예배 시작 전 찬양팀과 함께 찬양을 맞춰보면서 자세히 알려 주었다.

"이때 멘트가 들어갈 거예요. 그리고 제가 손뼉 치면서 찬양하겠습니다 하면 전주를 부탁드릴게요."

그러자 피아노 반주자는 다 안다는 듯이 의자에 기대어 건성으로 대답했다.

예배는 성공적이었을까?

물론 틀리지 않고 완벽하게 마치는 것이 성공은 아닐 것이다. 하지만 이날 찬양예배는 최악이었다.

첫 번째 찬양을 마치고 두 번째 찬양을 진행하기 위해 멘트를 하려는 순간 다음 곡의 전주가 시작되었다. 너무 당황한 나머지 누가 인도자인지도 모른 채 성도들은 반주에 맞춰 찬양을 불렀다. 인도하는 내내 마음속으로 불평이 나왔다

 '이럴 거면 인도자가 왜 필요한가?

 반주자 혼자 준비해서 하지.'

 그리고 마지막 멘트를 했다.

 "주여를 세 번 외치고 예배를 위해 기도합니다."

 그러나 반주자는 몸을 흔들며 클래식을 연주했다.

 성도들과 뜨겁게 기도하면서 예배를 준비하고 싶었으나 잔잔한 클래식 반주에는 역부족이었다. 도대체 반주자는 찬양을 하는지 연주회를 하는지 알 길이 없었고 자랑할 곳이 없어 교회에서 실력을 뽐낸다 생각하니 한심하게 느껴졌다.

 나는 모든 탓을 반주자에게로 돌리고 있었다. 그 순간 하나님은 정죄하고 있는 나와 자기의 실력을 뽐내는 반주자의 모습이 크게 다르지 않다는 것을 깨닫게 해주셨다.

 "너도 똑같단다. 찬양을 열심히 준비해서 인도 잘한다는 말을 듣고 싶었잖니."

 표적을 구하는 신앙을 가진 자는 능력에 집중할 수밖에 없다. 무언가를 봐야 믿어지기 때문이다. 사역하면서 하나님의 기쁨이 되고 싶은 마음에는 변함이 없다. 하지만 오롯이 하나님의 영광만 생각하기는 쉬운 일이 아니다. 성도들 앞에서 실

수하고 싶지 않고 잘하는 모습만 보여 주고 싶은 것이 내가 가진 문제였다.

세례 요한은 빈 들에 머무르면서 복음을 전했다.

그런데 그곳에 끌리는 수많은 사람이 있었지만, 세례 요한은 어떻게 사역했는가?

단 한 번도 어떠한 표적을 보인 적이 없었다. 그것이 사람을 회개로 인도한다거나 변화시키지 못함을 알고 오직 말씀만을 전했던 것이다. 표적이 사람을 변화시킬 수 없다는 것을 구약 시대에서도 동일하게 찾아볼 수 있다.

출애굽 당시 애굽의 마술사들은 하나님의 능력을 보고도 회개하지 않았다. 오히려 하나님의 능력을 보고 똑같이 따라서 행했다.

그런데 마술사의 표적을 통해 누가 변화되었는가?

아무도 변화되지 않았다. 오히려 바로는 표적이 거듭될수록 더욱 강퍅한 마음을 갖게 되는 것을 볼 수 있다. 그러므로 사람을 변화시키는 것은 어떠한 표적(능력)이 아니라는 것이다.

찬양을 반주했던 자매는 전문성을 가지고 인도했다.

하지만 성도들이 진짜 하나님만을 생각하며 찬양을 불렀을까?

대단한 연주 실력을 구경하는 성도만 생길 뿐이었다. 이처럼 표적을 구하는 신앙은 변화되지 않는다는 것을 기억해야 한다.

우리는 표적을 구하는 신앙생활을 하고 있지 않은가?

그렇다면 자기를 드러내고자 하는 욕망에 사로잡혀 진정한 변화와 성화를 기대할 수 없게 될 것이다.

19. 앎과 교만함

> … 시몬에게 이르시되 깊은 데로 가서 그물을 내려 고기를 잡으라(눅 5:4).

고기 잡는 일에 대해 잔뼈가 굵은 베드로는 예수님의 명령을 들었을 때 얼마나 아는 척하고 싶었을까?

나라면 이렇게 말했을 것이다.

"깊은 데는 그물을 던져 봤자 고기들이 그물 밑으로 다 빠져나가는데 어떻게 거기에서 고기를 잡으란 말입니까?

그리고 깊은 데는 수심이 40미터가 넘기 때문에 그곳에서는 고기를 못 잡습니다."

갈릴리 호수에서 평생을 바친 베드로인데 목수 출신이 와서 고기 잡는 법을 가르치며 훈수를 두니 얼마나 자존심이 상했을까?

그래도 아는 척하는 티 한 번 안 내고 깊은 곳으로 배를 옮겨 그물을 내리는 베드로를 보면 정말로 존경스럽지 않을 수 없다. 갈릴리 호수에서 그물을 내리는 베드로를 바라보는 솔직한 내 심정이다.

며칠 전 교회에서 음향 시설 공사를 하게 되었다. 강대상에 스피커를 잘 설치하고 음향 테스트를 하고 있을 때 대표 목사님이 물어보셨다.

"소리 잘 나옵니까?"

이미 음향이 적절하게 조정되어 있어 '잘 나옵니다'라고 간단하게 대답만 하면 되는 상황이었다. 그런데 아는 척 한답시고 이렇게 대답하였다.

"이건 스피커 출력이 예전 것보다 더 높아서 소리가 좋을 것 같습니다."

하지만 감사하게도 그날 아침 베드로가 예수님을 영접하는 장면을 묵상하고 있던 터라 이런 내 모습이 불편하게 느껴져 '아차' 하는 생각이 들었다. 뭘 안다고 스피커 와트가 높다느니, 그래서 소리가 좋을 것 같다느니 목사님 앞에서 뭐라도 아는 척해야 자존감이 높아질 것이라 생각하는 병이 도진 것 같았다.

거들먹거려서 좋을 것 하나 없고, 아는 척 한다고 해서 어떠한 유익이 있겠는가?

오히려 그것이 하나님의 미움을 사는 행동임을 잊어서는 안 된다.

> 미련한 자는 교만하여 입으로 매를 자청하고 지혜로운 자의 입술은 자기를 보전하느니라(잠 14:3).

만약 베드로가 예수님 앞에서 아는 척하고 거들먹거리면서 '목수 양반, 고기는 내가 잡을게요'라고 했다면 어떻게 되었을까?

단언컨대 그날 그물이 찢어지도록 물고기를 잡아들이는 기적은 결코 일어나지 않았을 것이다. 또한, 베드로가 예수님의 제자로 부르심을 받는 데에도 큰 장애가 되었을 것이 분명하다.

앰프를 설치하고 음향을 조정하는 일에 거들먹거리며 고집부리고 내가 원하는 대로 설치했더라면 어떤 일이 벌어졌을까?

완전히 망치지는 않았을지라도 지금처럼 또렷하고 풍성한 음향은 결코 기대할 수 없었을 것이다. 아니 어쩌면 좋은 시스템을 더 잘못 사용하게 되었을지도 모른다.

사람은 많이 알수록 조심해야 한다. 아는 것이 힘이라지만, 아는 것이 자칫 교만이 될 수 있으므로 겸손할 수 있어야 한다. 그 아는 지식이 말씀이 아니라 자기의 지식을 따르게 하는 잘못된 길로 인도할 수 있음을 주의해야 한다.

20. 사람의 기쁨을 구하면

> 이제 내가 사람들에게 좋게 하랴 하나님께 좋게 하랴 사람들에게 기쁨을 구하랴 내가 지금까지 사람들의 기쁨을 구하였다면 그리스도의 종이 아니니라(갈 1:10).

사도 바울은 복음으로 얻은 자유를 사람들을 위한 기쁨이 아닌 하나님을 위해 살아야 한다는 말로 갈라디아 교인들을 권고했다.

하나님이 주신 자유를 자기의 유익을 위해 그 뜻을 바꾸어 해석하며 사람들이 듣기 좋아하는 메시지로 전할 기회로 삼는 것은 주님으로부터 부름을 받은 사도의 모습이 아니다. 지극히 당연한 말이지만 머리로는 알고 있으나 순종까지 나아가기가 결코 쉬운 것이 아니었다.

나는 사람의 반응을 통해 얼마나 사역을 잘하고 있는지 가늠하는 기준으로 삼곤 했다. 나의 말 한마디가 사람들의 기쁨이 된다면 성경이 뭐라고 하든지 잘한 것으로 생각했고, 상처받고 반응이 좋지 않으면 성경적이라 할지라도 내가 실수했다고 생각했다.

어리석게도 성경이 기준이 아닌 사람의 반응이 기준인 삶을 살고 있었던 셈이다. 성도들이 뜨거운 찬양을 좋아하는 것 같으면 온종일 보혈 찬송가로 기분을 맞추었고 성도들이 지루해하고 있으면 광대가 되어서라도 웃겨주고 싶었다.

바울은 왜 사람의 기쁨을 구하지 말아야 한다고 한 것일까?

한 청년은 주일 새벽까지 세상에서 방황하며 시간을 허비하다가 예배가 끝나갈 무렵, 축도 시간에 맞춰 교회에 들어오곤 했다. 누가 봐도 방탕한 생활을 하는 청년이었는데 아무도 그 청년의 문제는 말하지 않았다. 심지어 잘 왔다고 등을 두드리는 성도들도 제법 많았다.

"목사님, 쓴소리하지 마세요. 그래도 교회에 나온 것이 어디에요. 요즘엔 뭐라고 하면 애들이 싫어해요."

물론 나 또한 교인들의 생각에 동의하지 않는 것도 아니다. 자칫 야단을 쳐서 상처라도 입고 교회에 안 나오면 어쩌나 하는 우려로 쉽게 다가가기가 어려웠다. 아예 교회에 오지 않는 것보다 예배 끝자락에라도 교회를 찾아 오면 '언젠가는 변화될 날이 오겠지' 하며, 한 자락 희망의 끈을 가지고 있었던 것이 사실이다.

그러나 바울의 선언과 권고를 통해 목회는 교인들에게 인정받고 사랑받으려고 하는 것이 아니라는 것을 다시 한번 생각해 보게 된다. 물론 한 영혼을 살리는 일에 집중해야 하지만 한 영혼을 살리는 것이 사람의 마음을 좋게 하는 것인지, 아니면 말씀을 따르도록 권고해서 그의 삶을 돌이킬 기회를 제공하는 것이 더 그 영혼을 사랑하는 일인지는 심각하게 고민하고 사역해야 한다.

과연 무엇이 진짜 사랑일까?

내 아들이 주일 새벽까지 방황하다가 축도 시간에 얼굴만 잠깐 비치고 간다면 나는 그때도 아들에게 침묵할 수 있을까?

사도 바울은 사람의 기쁨을 구하게 될 때 진정한 목회를 할 수 없다고 말한다. 그렇게 되면 사람의 눈치를 보다가 정작 결정적일 때는 복음을 전하지 못하기 때문이다. 따라서 그것은 성도의 생명을 구하는 것이 아니라 도리어 망하는 길로 빠지게 하는 일임을 경고한다.

지금도 많은 청년이 세상 문화에 빠진 채 방치되어 숨을 헐떡이고 있다. '언젠가 돌아오겠지'라는 식의 방관적인 태도가 오히려 방황하는 청년들의 영혼을 병들게 하는 결정적인 요인이 된다. 사랑하는 자녀에 대해 묵상하노라면 그러한 사실이 명확해진다. 그런 식의 태도는 절대 사랑이 될 수 없다.

선한 목자라면, 바른 목회자라면 사람들의 비위와 눈치가 아니라 영혼의 소생을 위해 따가운 복음을 바르게 권고하는 목사가 되어야 하지 않을까?

비록 사람들이 불편해하고 눈총을 준다고 할지라도 성도의 영혼을 진심으로 사랑하는 목회자라면 하나님께 더 집중하고 하나님의 심기를 잘 헤아릴 수 있어야 한다는 생각이 더 이상 흔들리지 않을 것이다.

21. 인색함을 버리라

전도사 시절에 섬기던 교회에서 있었던 일이다. 여선교회 주최로 바자회가 열렸다. 성황리에 행사는 끝이 났지만, 판매되지 않은 백여 장의 긴팔 티셔츠는 성도들에게 인기를 끌지 못한 채 교회 한쪽 창고에 방치되는 신세가 되고 말았다.

그리고 시간이 지나면서 그 존재조차 잊혀졌는데, 마침 초겨울이 다가오면서 긴팔이 필요한 우리 복지 시설의 장애우가 떠올라 목사님을 찾아가 여쭈었다.

"목사님, 지난번 바자회 마치고 남아서 창고에 쌓아둔 옷을 저희 장애우들에게 지원하면 어떨까요?

창고 정리에도 도움이 될 듯한데요?"

목사님이 기특하게 여기실 것이라고 생각했다.

'그래. 필요한 사람들이 있다니 좋은 일이 아닌가?'

몇 장 정도는 지원받을 수 있을 거라 기대하고 어렵게 말을 꺼냈는데, 돌아온 대답은 이랬다.

"우리 사모에게 물어보고 연락해 주겠네."

일 년이 넘도록 방치되었던 티셔츠였기에 필요한 이들이 입을 수 있도록 보내면 좋을 것 같아 흔쾌히 내어 주시리라 생각했는데 … 아쉽게도 티셔츠 지원에 대한 대답은 들을 수 없었고, 그렇게 시간이 흘러 정든 교회 사역을 마무리했던 기억이 있다.

스승의 날이 되거나 목사님이 생신을 맞으시면 경험적으로는 성도들이 선물을 가지고 찾아오기도 하고, 때로는 식사 대접으로 섬기며 감사하는 마음을 표현하기도 하는 것이 일반적이었다. 그런데 그곳에서 이 년을 넘게 사역하면서 그렇게 목사님을 섬기는 모습을 한 번도 볼 수 없었다. 그래서인지 유독 그 교회의 성도들이 참 인색하다는 생각을 하게 되었다.

어쩌면 목회자의 인색함이 성도들에게도 전이된 것은 아니었을까?

적잖은 실망으로 서운해하다가 문득 하나님이 칭찬하신 한 백부장의 이야기가 떠올라 성경을 펼쳤다(마 8:5-13). 그의 직함을 통해도 알 수 있듯이 그는 군사를 거느리는 지휘관이었는데, 그가 거느리던 하인 하나가 중풍병에 걸려 누워서 괴로워하는 모습을 보고는 예수님을 찾아가 도움을 청했다.

당시 하인들은 주인으로부터 인격적인 대우를 기대할 수 없는 하찮은 존재였는데, 여기 백부장은 하인이 중풍병에 걸려 아파하는 모습을 보고는 직접 유대인 예수님을 찾아 나선 것이다.

> 예수께서 가버나움에 들어가시니 한 백부장이 나아와 간구하여 이르되 주여 내 하인이 중풍병으로 집에 누워 몹시 괴로워하나이다(마 8:5-6).

말씀을 읽으면서 많은 생각이 머리를 스쳐 지나갔다. 백부장은 하찮은 하인의 중풍병을 그냥 지나치지 않았다. 아니 스스로 시간을 내었고, 그것도 사람들의 눈에 띄는 장소에 유대인 예수님을 찾아가 도움을 청했다. 어쩌면 남들 모르게 심부름꾼을 하나 보내 부탁하거나 예수님을 집으로 모시고 오게 했어도 되었을 것이다.

그런데 백부장은 보편적이고 일반적인 생각을 빗나가게 했다. 그는 직접 움직였다. 자기의 자존심보다 하인의 병이 낫는 것을 더 중요하게 여겼다. 그는 스스로 예수님을 찾아와 하인의 병을 낫게 해달라고 간구했다.

살아 가면서 종종 경험하게 되는 것인데 적지 않은 목회자들에게서 인색하다는 것을 느끼곤 한다. 자기에게 필요하지 않은 소유를 쌓아두고도 이웃과 나누는 것을 좋아하지도 않을 뿐 아니라 아무 이유 없이 바쁘다는 핑계로 누군가를 위해 자기 시간을 사용하는 것을 가벼이 거절하는 모습을 자주 접하게 되었다.

지난날을 돌아보면 나 역시 그런 인색함이 누군가에게 깊은 상처를 주었을 것이라는 생각이 들었다. 늘 그렇지만 하나님의 말씀은 지식적인 정보를 초월해 깨달음과 회개로 이르게 한다.

한번은 신학생 시절 함께 자취하던 신학과 선배가 이불 빨래를 들고 도움을 청했다.

"네가 차가 있으니 학교에 가서 내 이불 좀 빨아오게 도와줘."

선배와 함께 살던 자취방은 아주 열악한 환경이었다. 겨울이 되면 장판에서 물이 올라오기도 했고, 이불에서 곰팡이가 자주 피어 냄새가 가시질 않았다. 선배는 참다못해 이불을 빨아야겠다는 생각에 차가 있었던 내게 도움을 청했다.

그런데 나는 자초지종과 이유를 불문하고 단박에 거절했다. 선배를 위해 차를 몰고 학교에 가는 것이 귀찮아서였다. 그리고 솔직히 타인을 위해 내 시간을 허비하는 것이 썩 내키지 않았다. 그렇다고 그 시간에 특별한 약속이 있었던 것도 아니고, 중요한 일을 해야만 했었던 것도 아닌데 말이다. 그래서 이렇게 핑계를 댔다.

"왜 선배 입장만 생각하세요. 온종일 학교에 있을 수는 없어요. 그리고 제 이불도 냄새가 나요."

버릇없는 말투와 태도를 보이며 자취방에서 도망치듯 뛰쳐나왔다. 돌아보면 그렇게 인색하고 무례하게 행동했던 신학생 시절이 얼마나 부끄러운지 모른다. 다시 그 시절로 돌아갈 수만 있다면 … . 나의 머리를 스스로 강하게 한 대 쥐어 박아주고 싶은 심정이다. 냄새 나는 이불을 같이 가지고 가서 빨면 나도 좋고 선배도 좋았을 터인데, 뭐가 그리 힘들다는 것인지.

말씀을 배우며 장차 목회자로 살아 가야 하는 신학생인데도 오히려 세상 사람보다 더 악하고 인색한 모습을 가지고 있었다는 것을 확인하니 지난날의 내 모습이 부끄럽게 다가와 쥐구멍에라도 숨고 싶었다.

예수님은 나와 같이 인색하지 않으셨다. 하인의 병을 치료해 달라고 간절히 구하는 백부장을 향해 예수님은 이렇게 말씀하신다.

이르시되 내가 가서 고쳐 주리라 (마 8:7).

예수님은 이웃을 위해 헌신했던 백부장의 선한 마음씨에 응답하셨다. 자기의 유익이 아닌 타인의 필요를 구하고 도움을 청하는 백부장에게 예수님은 전혀 인색하지 않으셨다.

이처럼 인색하지 않고 이웃을 사랑하게 되면 어떤 결과가 나타날까?

먼저, 그로 인한 혜택으로 하인의 병이 낫게 되었으니 하인은 새 생명을 얻게 되었고 그의 삶이 완전히 달라졌을 것이다. 그리고 자기에게 은혜를 베푼 주인을 향한 하인의 마음도 분명 달라졌을 것이다.

주인의 사랑과 그런 주인에 대한 하인 이야기는 같은 처지에 있는 사람들에게, 그가 지도자의 위치에 있든 아니면 명령을 받아야 하는 위치에 있든 분명 많은 사람에게 큰 도전을 주었을 것이다.

2012년 봄, 아내는 둘째를 출산하고 집에서 산후조리를 해야 했다. 그때 보건소를 통해 베이비시터의 도움을 받았다. 그런데도 집안일이 어찌 그리 많고 힘든지 해도 해도 끝이 없고 피곤함이 가시질 않았다. 그때 나를 감동케 한 일이 벌어졌다.

옆집에 함께 살고 계셨던 목사님과 사모님이 들통으로 삼계탕과 곰국을 끓여 오셨다. 아내의 회복을 위해 사모님이 직접 마음을 담아 음식을 준비해 섬기신 것이다. 그리고 공동체 대표이신 목사님은 아내가 아이를 둘이나 출산했으니 몸이 많이 약해졌을 거라며 보약까지 달여 오셨다.

게다가 다른 공동체 식구들은 밑반찬을 세심히 챙겨주었고, 심지어 화장실 청소에 집안일까지 일일이 챙겨주셨다. 그때 받은 사랑은 지금도 잊을 수가 없다.

그 후부터는 임신한 성도들을 보면 형편이 넉넉지 않지만, 아내에게 부탁해 곰국을 끓여 배달해 주기도 하고, 소고기라도 한 덩이 사주기 위해 노력하는 변화가 일어났다.

> 또 너를 고발하여 속옷을 가지고자 하는 자에게 겉옷까지도 가지게 하며 또 누구든지 너로 억지로 오 리를 가게 하거든 그 사람과 십 리를 동행하고(마 5:40-41).

예수님이 말씀하신 것을 묵상해 보면 선뜻 이해되지 않는다. 함께 가고 싶지 않은데 어찌 억지로 십 리를 가라 하시는지, 속옷을 가지려 하는 사람을 이상하게 여기며 의심하는 것이 마땅할진대, 오히려 예수님은 그것을 뛰어넘어 겉옷까지 줄 만큼 인색하지 말아야 한다고 말씀하신다. 그런데 이제는 예수님이 왜 이런 말씀을 하셨는지 그 속내를 조금은 알 수 있을 정도가 되었다.

목회자가 인색함으로 살게 되면 성도들은 그에게서 과연 예수님의 풍성하신 사랑을 느낄 수 있을까?

아니 성도들 역시 목회자를 닮아 인색하게 될 것이다.

혹시 우리는 시간에 인색하고 물질에 인색하지 않은지 돌아보아야 한다. 이기심을 내려놓고 헌신하여 섬기는 그 한 사람으로 인해 한 영혼이 생명을 얻기도 하고, 상처가 치유 받는 기적이 일어나기도 한다. 주님은 오늘도 그 한 사람을 통해 복음의 영향력이 점점 확대되어 나가기를 원하신다.

제3장

Recovery by Jesus Blood

복음 본색

말씀이 육신이 되어 우리 가운데 거하시매
우리가 그의 영광을 보니 아버지의 독생자의 영광이요
은혜와 진리가 충만하더라(요 1:14).

1. 참된 가치의 깨달음과 복음 전파

> 전도자가 이르되 헛되고 헛되며 헛되고 헛되니 모든 것이 헛되도다 해 아래에서 수고하는 모든 수고가 사람에게 무엇이 유익한가(전 1:2-3).

솔로몬은 해 아래의 삶이 사람에게 유익한 것이 없다고 단언한다. 그것도 반복에 반복을 더해 강조하고 있다.

과연 이러한 확신은 어디에 근거한 것일까?

솔로몬은 이생의 모든 부와 명예를 소유한 사람이었다. 그야말로 모든 사람이 부러워하는 그 부와 명예를 소유하고 누려봤던 사람이다(전 2:25). 그래서 경험자로서 그 견해를 바탕으로 그와 같은 고백도 할 수 있게 되었던 것이리라.

높은 자리에 오르기 전에는, 욕망이 추구하는 그것을 누려보기 전에는 마치 그것이야말로 나를 행복하게 해 줄 수 있는 유일한 것처럼 생각되는 것이 우리 안에 감추어져 있는 속내다. 그런데 솔로몬은 바로 우리가 그렇게 부러워하고 갈망하는 그 모든 것을 모두 얻은 사람이고 누려 본 사람이다.

하지만 그가 하는 말은 매우 충격적이다. 세상의 명예와 물질에서 영원한 만족과 참된 행복을 얻을 수 없고 단 하나의 희망조차도 그 속에서 얻을 수 없다고 단언한다.

… 헛되고 헛되며 헛되고 헛되니 모든 것이 헛되도다(전 1:2).

그의 말이 설득력 있게 들리는 이유는 무엇일까?

그의 경험 때문이다. 왕의 자리에 오른 솔로몬은 모든 백성으로부터 이목을 집중 받는 삶을 살았다. 또한, 그로 인해 지금까지도 영향을 미치는 성전을 건축한 왕이기도 했다.

아버지 다윗이 그토록 염원하던 성전을 솔로몬이 건축하지 않았는가!

게다가 그가 누리는 부유함과 위대함은 이방 나라까지 소문이 날 정도였다. 솔로몬이 가지고자 하면 얻지 못할 것이 없었고, 하고자 하면 하지 못할 일이 없었을 만큼 천하를 내려다보는 자리에 올랐다. 그런 그가 세상이 부러워하며 누리고 싶어하고 소유하고자 발버둥 치며 애쓰는 사람들에게 헛되고 헛되다고 말한 것이다.

그러니 그의 말이 무슨 뜻인지 귀를 기울이게 되고, 그의 마음을 알게 되면 고개가 끄덕여질 수밖에 없는 것이다.

만일 가난한 사람이 '돈은 아무것도 아니다, 헛된 것이다'하고 외치면 어떻게 들릴까?

만일 공부도 지지리 하지 않은 사람이 학문은 가치 없고 헛되다고 주장하면 어떤 생각이 들게 될까?

그리고 잔인한 살인으로 종신형을 받아 벌을 두려워하며 죄를 범하지 말아야 한다고 외치는 사람과 그저 책상머리에 앉아 죄가 미치는 결과를 연구해 죄를 멀리해야 한다고 주장하는 사람이 있다면 우리는 누구의 말에 귀를 더 기울이며 공감하게 될까?

경험을 통한 지혜는 그 설득력에서 공감의 차원이 다를 수밖에 없다.

복음을 전하는 삶도 마찬가지 아닐까?

삶으로 복음을 살아 내며 생활 속에서 하나님의 실존을 경험하면 작은 메시지에도 강력한 설득력이 나온다. 작은 이야기 속에도 공감 능력이 탁월하게 드러난다. 하나님으로 인해 살고 있으므로 복음의 참된 가치를 전파하는 데 누구보다 탁월할 수 있는 것이다.

주님은 그러한 이들의 말을 복음의 선한 영향력으로 언제나 전도의 매개가 되게 하신다.

> 여자가 물동이를 버려두고 동네로 들어가서 사람들에게 이르되 내가 행한 모든 일을 내게 말한 사람을 와서 보라 이는 그리스도가 아니냐 하니 그들이 동네에서 나와 예수께로 오더라 (요 4:28-30).

예수님을 만난 수가성 여인이 전한 복음은 동네 사람의 마음을 움직이기 충분했다. 그리스도를 직접 만나므로 영혼의 목마름까지 해결 받았기 때문에 그의 외침은 강렬했다. 그녀는 예수님을 통해 인생에서 가장 중요한 가치는 성전이 아니라 그리스도께 있다는 말씀을 들었고, 그 주님으로부터 가시적인 성전이 아니라 어디에서나 하나님을 예배할 수 있다는 말씀을 듣게 되었다(요 4:23-24).

그리고 그녀는 물동이를 버려두고 동네로 뛰어 들어가 그가 만난 예수님을 외치게 되었다. 누구에게 전해 들은 정보가 아니라 자기가 직접 만난 예수께 듣고 깨달은 복음을 전하였기에 그녀의 말에는 어느 때보다 강력함이 묻어났을 것이다.

그러니 그 속에서부터 묻어나는 확신에 설득력도 강력했으리라. 그런 그녀가 동네 사람들에게 구원의 기쁜 소식을 전하고 있으니 사람들의 마음이 요동치지 않을 수 없었을 것이다.

> 내가 진실로 너희에게 이르노니 온 천하에 어디서든지 이 복음이 전파되는 곳에서는 이 여자가 행한 일도 말하여 그를 기억하리라 하시니라 (마 26:13).

향유를 부은 여인의 모습에서 예수님의 제자들은 무안하고 숙연해지게 되었다. 예수님과 동고동락한 그들이었지만 주님의 가치를 늘 잊고 살았던 그들에게 여인의 헌신은 경종을 울렸다. 예수님은 여인의 헌신을 받으시며 이렇게 칭찬하셨다.

> 온 천하에 어디서든지 이 복음이 전파되는 곳에서는 이 여자가 행한 일도 말하여 그를 기억하리라(막 14:9).

물론 그녀가 값비싼 향유를 부어 희생했다고 그 행위를 인정해 주신 것은 아니다. 과부가 드린 두 렙돈의 헌금을 칭찬하신 것을 보면 그런 의도가 아니었음이 분명하다. 예수님을 사랑하는 마음과 예수님을 하나님의 아들이라고 믿는 그녀의 중심에 감동되었다 해야 더 옳다.

대제사장과 장로들은 예수님을 은 삼십이라는 가치로 정하였으나 예수님을 향한 여인의 생각은 달랐다. 세상의 그 어떤 것으로도 예수님의 가치를 설명할 수 없어 향유를 부음으로써 그녀는 모든 것을 드린 것이다.

그런데 예수님의 제자였던 유다는 그러한 여인의 행동을 정죄하였다. 차라리 그것을 팔아 가난한 자들에게 나누어 주었으면 좋았을 것이라며 못마땅하게 여겼다. 언뜻 들으면 유다의 논리가 옳은 것 같지만 성경은 유다의 중심을 정확히 꼬집었다.

> 이렇게 말함은 가난한 자들을 생각함이 아니요 그는 도둑이라 돈궤를 맡고 거기 넣는 것을 훔쳐 감이러라(요 12:6).

어쩌면 다른 제자들도 유다의 생각에 동조하며 여인의 행위에 대해 어리석다 비판하려는 마음을 품었을지 모른다. 하지만 확실한 것은 그들 안에는 주님을 향한 헌신과 희생이 없었다는 것이다. 많은 사람 가운데 선택받아 주님을 따르는 제자가 되어 예수님을 가장 사랑한다고 생각했을 테지만 그것은 착각에 불과한 것이었다.

나는 수가성 여인처럼 그리고 향유를 부어 온 마음을 다해 헌신했던 여인처럼 세상 사람들과 이웃에게 전할 믿음이 있는가?

직접 보고 경험한 하나님의 실제적인 사랑을 말이다. 당연한 말이지만 받은 은혜가 없으면 전할 복음도 없다.

성도들이 하나님의 지상 명령이 복음 전파인 것을 정보로 알고는 있으나 복음을 말하지 못하는 이유가 여기에 있다. 받은 은혜와 깨달은 복음이 부재하면 말할 수 없기 때문이다. 그러나 그리스도의 사랑을 경험하고 확인한 사람이라면 언제나 그리스도의 증인으로 사는 것을 주저하지 않을 것이다.

2. 은혜를 아는 자

> 하나님의 뜻을 따라 그리스도 예수의 사도로 부르심을 받은 바울과 형제 소스데네는 … (고전 1:1).

바울과 소스데네는 복음 안에서 한 형제가 되었다. 하지만 상식적으로 이 둘은 형제라는 관계를 형성하기에 상당히 불편했던 과거가 있다. 다름 아니라 소스데네가 유대인의 회당 장으로 있을 때 바울을 죽이려고 갈리오 총독에게 고소하는 전력이 있었던 사람이기 때문이다.

그런데 어떻게 두 사람이 그리스도 안에서 한 형제라 부를 수 있는 관계가 될 수 있었을까?

그 대답은 모든 상식을 뛰어넘어 역사하는 복음 때문이라는 것을 성경은 분명하게 보여 준다. 소스데네가 바울을 불법 종교를 전파하는 위험한 인물로 취급해 갈리오 총독에 고발했을 때 바울은 그를 원수와 같이 대하지 않았다. 도리어 그를 용서하며 품어 주었다.

복음의 비밀을 깨달은 바울이 자기를 핍박했던 소스데네를 용서하지 않았더라면, 상황의 변화가 찾아오더라도 그들은 결코 한 형제가 될 수는 없었을 것이다. 세상 사람들과 같은 방식이 아닌 복음을 통해 소스데네를 품었던 바울로 인해 그들은 주 안에서 동역하는 형제로 관계의 변화가 일어나게 되었다.

그렇다면 바울은 원수 같은 소스데네를 어떻게 용서할 수 있었을까?

원수까지 사랑하라 말씀하신 하나님의 명령을 모르는 성도는 없겠지만 이웃의 사소한 실수조차도 용납하지 못하며 사는 것이 우리의 성정이지 않을까?

그렇게 사랑한다고 고백하고서 작은 실수 하나에도 돌아서며 원수처럼 바뀌는 모습을 어렵지 않게 볼 수 있는 것은, 우리의 문제가 어디에 있는가를 다시 돌아보게 한다.

사도 바울이 이웃을 용서할 수 있었던 이유는 그가 먼저 하나님께 용서받은 자이기 때문에 가능한 일이었다. 예수님을 주로 믿으며 따르는 많은 사람을 옥에 가두고 죽이기까지 했었던 잔인한 인물이었다.

하지만 예수님은 그와 같은 박해자인 사울을 먼저 찾아오시고 만나셔서 용서해 주셨다. 자기 잘못을 뉘우치고 용서를 구하거나 회개함으로 자비와 긍휼을 입은 것이 아니라 주님의 십자가 사랑, 복음의 능력이 그에게 먼저 용서로 다가간 것이다.

사도 바울은 용서받을 수 없는 자기가 어떻게 구원의 은혜를 입었는지 너무 잘 알고 있는 사람이었다. 그러므로 자기의 그때를 기억하면 아무리 원수 같은 소스데네라도 용서하지 않아야 할 핑계는 없었으리라. 복음의 능력이 그를 원수까지도 사랑하게 한 것이다.

얼마 전 필리핀에서 사역하는 후배 선교사로부터 긴급한 기도 요청을 받았다. 사역지 인근에 활화산이 폭발해 100회가 넘는 여진이 반복되고 있어 주민들 모두 두려움에 떨고 있다며 안전을 위한 긴급 기도를 요청한 것이다.

그러면서 현지 상황을 전해 주었는데, 화산재와 유독 가스로 인해 마스크를 쓰지 않으면 목이 따가워서 외출조차 할 수 없는 상황이라고 했다.

그런데 이런 위험 상황을 악용한 상인들이 마스크 한 장 가격을 무려 만 원까지 올려 팔고 있다고 했다. 안타깝게도 형편이 어려운 필리핀 현지인들은 필요가 절박한 상황임에도 마스크를 구매할 엄두조차 내지 못해 화산재로 오염된 공기를 그대로 들이마시면서 생활하고 있다며 도움을 청했다.

어쩌면 사람이 이렇게까지 악할 수가 있을까?

이런 어려움이 발생한다면 서로 돕고 서로 배려해 더욱 저렴하게 마스크를 공급해서 생명을 살리려 생각하는 것이 인지상정일 텐데 도리어 상황을 악용해 자기의 유익을 챙기려 하다니 사람들이 얼마나 사악할 수 있는지 보여 주는 소식을 들으며 간절하게 부르짖지 않을 수 없었다.

필리핀 소식을 접한 파송 교회의 담임목사님은 누구보다 현장에서 고생하시는 선교사를 염려하며 안타까워하셨다. 하지만 사역을 거두고 한국으로 들어오라고는 말씀하시지 않으셨다.

오히려 하나님이 주신 기회를 잡아 복음을 전해야 한다고 하시면서 한 가지 숙제를 내주셨다. 그것은 지금 당장 차를 몰고 가서 선교사님이 준비해 두었던 마스크를 지역 주민들에게 무료로 나누어 주며 복음을 전하라는 것이다.

목사님의 숙제를 받은 후배 선교사는 여러 루트를 통해 구매한 오백여 장의 마스크를 가지고 피해지역을 돌아다니며 주민들에게 나누어 주기 시작했다고 했다. 그리고 그때 복음을 전하는 일도 잊지 않았다고 한다.

나는 그 순간 사도 바울이 받은 은혜와 그가 전파한 복음이 교차 되었고 깊은 은혜를 입으며 묵상하게 되었다. 하나님께 받은 은혜와 예수 그리스도께 받은 사랑을 전하기 위해 목숨도 아끼지 않았던 바울의 고백이 얼마나 감동을 주었는지 모른다. 주님이 주신 사랑을 힘입어 복음을 세상으로 흘러가게 하는 것, 이것은 성경과 하나님이 우리에게 명령하신 복음 전파의 실체구나 하는 생각이 번뜩 들게 했다.

며칠 후, 후배 선교사로부터 반전 소식이 들려왔다. 목소리가 이전과는 완전히 달라졌다. 두려움이나 불평이 아니라 흥분하며 은혜의 간증을 쏟아냈다. 마스크를 살 수 없어 힘들어하던 사람들이 한 장의 마스크를 받아 가면서도 연신 감사하며 후배의 목소리에 귀를 기울이기 시작했다는 것이다.

전에는 관심조차 두지 않았던, 아니 자기를 괴롭히던 사람들까지도 상식적이지 않은 선교사의 행동을 바라보며 메시지를 경청하기 시작했고 감사히 마스크를 받아 가더라고 했다. 세상 사람은 이와 같은 은혜를 알지 못한다.

성도들이 입에서 쉽고 가볍게 하는 말 가운데 하나가 은혜이고 사랑한다는 말일 것이다. 하지만 실제로 주님께 받은 은혜로 복음의 통로가 되어 이웃을 사랑하며 사는 것을 보기가 쉽지 않다. 진정으로 은혜를 받은 자는 세상의 방식을 뛰어넘어 복음으로 사랑하며 사는 자가 되어야 한다.

주님이 주신 구원의 은혜로 먼저 사랑하고 용서하며 다가가는 관계가 이루어져야 한다. 그러면 주님이 역사하셔서 열매를 맺는 아름다운 모습을 보며 그 수고가 주는 기쁨도 누리게 될 수 있을 것이다.

3. 빈손을 사용하시는 이유

> 예수께서 베다니 나병환자 시몬의 집에 계실 때에 한 여자가 매우 귀한 향유 한 옥합을 가지고 나아와서 식사하시는 예수의 머리에 부으니 (마 26:6-10).

예수님은 값비싼 향유를 깨뜨린 여인에 대해 크게 칭찬하셨다. 분명 향유는 비싸고 귀한 것이기 때문에, 그와 같은 섬김에 대해 칭찬받는 것이 당연하다는 생각에 동의하지만, 오늘은 조금 다른 측면에서 이야기하려고 한다.

신앙생활을 하면서 늘 '성도가 가장 가치 있는 것을 하나님께 드려야 한다'라며 헌금이나 성도의 헌신을 강조하는 말씀을 들으며 자랐다. 그리고 그 말씀에 동의해 나 역시 본문을 그렇게 해석하고 설교하곤 했다. 그런데 문득 이런 의문이 들었다.

과연 성경이 향유를 부은 여인의 고귀한 헌신을 강조하는 것일까? 만일 그렇다면 보잘것없는 두 렙돈을 드렸던 과부의 믿음을 칭찬하시는 예수님의 모습은 어떻게 설명이 될 수 있을까?

주님은 성도들이 많은 것을 드리는 헌신을 해야만 받으신다는 말인가?

간증에서 흔히 사용되는 소재처럼 사업을 통해 큰 이익을 창출하고 그로 인해 하나님께 많은 액수의 헌금을 드리면 그것이 은혜이고 주님으로부터 칭찬받을 수 있는 진정한 헌신이라 할 수 있느냐는 생각이 들어왔다.

> 내가 진실로 너희에게 이르노니 온 천하에 어디서든지 이 복음이 전파되는 곳에서는 이 여자가 행한 일도 말하여 그를 기억하리라 하시니라 (마 26:13).

나는 사역을 하는 동안 많은 물질로 헌신하신 어느 집사님을 알게 되었다. 그분은 2억 원이 넘는 상당한 액수의 헌금을 하여 교회에 주차장을 마련하도록 했다. 자동차를 두 대 이상 주차하기도 힘든 교회였는데 집사님의 헌신으로 무려 스무 대까지 넉넉하게 주차할 수 있는 공간이 마련되었다.

성도들은 그분의 헌신이 가져온 혜택으로 주차에 편리를 누렸으며 교회도 이를 기뻐하였다. 그런데 이 년 남짓 시간이 지나면서 주차장의 주인이 되어있는 집사님의 모습을 발견하게 되었다. 집사님은 툭하면 자기의 헌신으로 주차장이 생겼다는 생색을 즐기셨다. 때로는 운전이 서툴러 주차를 잘못하면 야단을 치며 자기의 헌신을 강조하곤 하셨다.

"주차를 똑바로 하시고 깨끗하게 사용하세요. 제가 이러려고 헌신한 것이 아닙니다."

기쁜 마음으로 드린 헌금의 소유권이 전적으로 하나님께 넘어가지 않았고, 이제는 교회 주차장마저 자기가 주인인 듯 행세하고 있었다.

값비싼 향유를 깨뜨린 여인은 예수님을 만나므로 가치가 완전히 바뀌었다. 본문을 조금만 깊이 생각해 보면 알 수 있지만, 계산적이고 합리적인 사고로 여인의 행동을 평가한다면 이보다 어리석을 수 없다. 향유를 깨뜨리다니, 심지어 예수님께 쏟아버렸다니, 그것은 헌신이 아니라 허비에 더 가깝다고 생각하는 것이 타당하다.

하지만 그녀의 중심에는 값비싼 향유의 허비라는 개념보다 중요한 것이 있었다. 주님 앞에서 지난날 세상 물질을 얼마나 소중한 가치로 여겼는가를 깨달은 것이다. 고로 그것을 몽땅 땅에 모두 쏟아 내려놓고 오직 예수님 한 분만이 자기의 최고 가치임을 고백하며 주님께 엎드린 것이다.

두 렙돈을 드린 과부의 믿음과 정신도 같은 맥락에서 접근하면 또 다른 은혜가 더한다. 아무리 생각해도 과부의 행동은 칭찬받을 만큼 현명한 처사는 아니라는 생각을 지울 수 없다. 두 렙돈이 그녀가 가진 전부였으니까 조금 배려해서 그중 한 렙돈만 헌금하는 것이 더 지혜롭고 이성적인 방법이었을 듯하다.

가난한 과부가 두 렙돈을 몽땅 헌금하고 나면 당장 무엇으로 끼니를 해결할 수 있다는 말인가!

헌금이 중요하나 생활이 어려워지는 것은 뻔한 일이니 반 만 드린다고 주님이 나무랄 리 없지 않으시겠는가!

한 렙돈의 헌금만으로도 주님은 족하다고 여기시며 기뻐 받으실 것이 분명하다. 하지만 그녀의 행동은 상식과 예상을 비켜 갔다. 두 렙돈 모두, 즉 자기 전부를 헌금함에 넣었다. 내가 먹어야 하는 일용할 양식보다 생활을 유지해야 한다는 절박함보다 더 중요한 것이 바로 하나님을 향한 믿음이라는 것을 실천으로 보여 준 것이다.

어리석은 자들은 주님께 드리는 데 인색하다. 하나님께 드리는 헌금을 마치 적선하듯 하고 손해라도 볼 것처럼 주저하기도 한다. 이성에 지나치면 낭비라는 생각으로 비난하기도 한다. 아니 때로는 과하도록 지나치게 드린 헌금으로 교만에 이르거나 교회의 주인이나 된 것처럼 행세하는 이들도 있다.

헌금의 기본은 모든 것이 하나님의 것이라는 신앙으로 드리는 것이다. 10의 1을 드리든 10의 9를 드리든 하나에서 열까지 모든 것이 다 하나님께로부터 왔으니 하나님의 것이라 고백하는 것이 옳은 믿음이다. 그러나 다 드리든, 조금 적게 드리든 그게 자랑할 일도 아니고 부끄러워할 일도 아니다.

더욱이 헌금을 드리고 마치 뭔가 위대한 헌신을 한 듯 자랑하는 것은 매우 위험한 태도라는 걸 주의해야 한다. 그 마음속에는 '내가 뭔가 했다, 이것은 내 실력이다. 이 돈의 주인은 바로 나'라는 생각이 깊이 깔려 있기 때문이다.

오병이어를 드렸던 아이의 헌신을 통해 오천 명이 넘는 인파가 배불리 먹게 되었던 것처럼 보잘것없는 내 전부를 하나님께 드리면, 아니 내게 주신 많은 물질을 주께 드릴지라도 그 모든 것이 주님의 것이라는 믿음으로 드리는 것을 당연하게 생각해야 한다.

하나님은 이런 마음으로 헌금하는 것을 기뻐 받으실 뿐 아니라 기적처럼 사용하신다. 그래서 드린 사람뿐만 아니라 그의 이웃까지 은혜로 넉넉히 채우시고 먹이시는 기적을 보게 하시는 것이다. 마치 오병이어로 오천 명을 먹이고도 열두 광주리나 남았던 것처럼 말이다.

당연한 소리라 잔소리처럼 들리겠지만, 하나님은 성도가 물질에 소망을 두고 목적이 되어 사는 것을 기뻐하지 않으신다. 오해해서는 안 된다. 잘 살면 안 된다거나 부자가 되는 것을 하나님이 기뻐하지 않으신다는 말이 아니다. 그리스도인도 부자가 되거나 성공하는 은혜를 누리길 원하신다.

중요한 것은 부와 성공에 의지해 믿음에서 멀어지고, 그것이 목적 자체가 되어 하나님으로부터 멀어지는 것을 경계하신다는 것이다.

수고하고 땀 흘려 주님이 주신 복에 감사해 많은 것으로 헌금에 참여하고 세상에서 성공해 얻은 그 은혜로 이웃을 섬기며 베풀고 영광 돌리며 살아 간다면 우리 주님이 얼마나 더 기뻐하시겠는가?

그러나 하나님이 빈손을 사용하시는 이유를 알아야 한다. 빈손이라는 말은 결코 무일푼을 의미하려는 것이 아니다. 내 전부를 헌신한 믿음의 성도를 가리키려 선택한 말이다. 확신하여 말하건대, 믿음으로 드려 빈손이 되었을 때 하나님은 기꺼이 역사하시는 분이다.

향유가 내 손에 있을 때는 보이지 않던 하나님이 내 시야에 들어오게 되고, 두 렙돈 전부를 드려 빈손이 되었을 그때 절망이 아니라 주님이 일하시는 놀라운 은혜를 입게 되는 것을 꼭 기억할 수 있기를 바란다.

4. 성도의 안전은 어디에서 오는가?

> 솔로몬이 게셀과 아래 벧호론을 건축하고 또 바알랏과 그 땅의 들에 있는 다드몰과 자기에게 있는 모든 국고성과 병거성들과 마병의 성들을 건축하고 솔로몬이 또 예루살렘과 레바논과 그가 다스리는 온 땅에 건축하고자 하던 것을 다 건축하였는데(왕상 9:17-19).

솔로몬 왕은 하나님께 드릴 성전과 자기의 왕궁을 건축하는 일에 이십 년이 걸렸다. 오랜 시간 공들여 온 땅에 거룩한 성전을 다 건축했다고 하였다. 그 후 그의 인생 후반전이 궁금해지기 시작했다. 사뭇 기대가 높았다.

모든 조건을 갖추고 완전한 성전까지 건축하게 되었으니 이제부터는 얼마나 더 하나님을 열정적으로 예배하게 되었을까?

그의 헌신과 희생 그리고 수고와 땀을 받으실 하나님을 열정적으로 사랑하며 섬기는 일에 이전보다 더 열심을 내지 않았을까?

이와 같은 희망으로 솔로몬의 행적을 읽어가는 것은 결코 잘못된 기대라고 책망받아야 하는 일은 아니리라. 그런데 아이러니하게도 솔로몬은 성전 건축이 끝난 이후 다시 국고 성을 건축하는 일에 매진하는 모습을 보여 주었다. 그러나 그가 집중한 것은 하나님을 예배하며 섬기는 일이 아닌 국방력을 강화하기 위한 데에 있었다.

과연 하나님은 이런 솔로몬을 기뻐하실까?

그렇게 성을 건축해 군비를 축적하고 최신형 무기를 개발해 가득 쌓아두면 안전한 나라가 되는 것일까?

사역하던 교회에 고가의 수입차를 타고 다니시는 장로님이 계셨다. 어느 날, 새벽예배를 마치고 집으로 돌아가는 길에 24톤 트럭과 추돌해 입원했다는 전화를 받았다. 알고 보니 차가 완전히 폐차될 정도의 대형 사고였다. 천만다행인 것은 어디 하나 다친 곳이 없이 멀쩡하다는 것이었다.

그래도 혹시 모른다며 병원에 입원해 검사받으셨는데 그때 걱정이 되어 병원을 찾아갔다. 장로님을 보는 순간 목회자로서 처음 든 생각은 하나님이 어디 하나 다친 곳이 없도록 안전하게 보호해 주셨다는 마음에 얼마나 감사했는지 모른다. 그런데 장로님은 조금 당황스러운 이유를 늘어놓으셨다. '자기가 이렇게 멀쩡한 것은 뭐니 뭐니해도 차가 좋아서 안전했다'는 것이다.

아니 설령 믿음이 없더라도 장로쯤 되셨으면 하나님이 보호하셔서 털끝 하나 상하지 않게 하셨다며 듣기 좋은 말이라도 해야 할 터인데 완전 예상 밖의 너스레를 떨며 차가 좋아서 이 정도였다는 말씀을 하시는 것이다.

우스갯소리라 할지라도 하나님이 들으셨을 때 얼마나 황당하셨을까?

좋은 외제 차를 탔기 때문에 안전했다니. 정말 그 말이 맞는 것일까?

성경에는 크고 견고한 여리고 성이 등장한다. 외벽이 1.6미터요 내벽은 3.6미터나 되었고, 외벽과 내벽 사이에는 5미터 간격이 있어 총 10미터에 달하는 난공불락의 성이었다. 이 정도면 그 성벽은 무너질 수도 없고 무너져서도 안 된다고 생각하는 것이 당시 사람들이 가진 상식적인 인식이었을 것이다. 그런데 한번 생각해 보자.

그러한 강력한 성벽으로 이루어진 여리고 성이 과연 정말 안전했던가?

놀라운 사실은 하나님이 무너뜨리시기로 작정하시자 그들의 자랑거리이자 난공불락인 여리고 성이 성벽을 도는 이들의 함성 하나에 맥없이 무너져 내린 것이 그들의 성벽 아니었던가!

하나님이 지키지 않으시고 보호하지 않으시면 누구도 안전할 수 없다는 사실을 기억하라. 비싼 외제 차가 생명을 지켜주는 것이 아니라 하나님의 손이 내 생명을 보호하신다는 사실을 바르게 인식할 때 어떤 상황에서도 하나님께 의지하고 도움을 청하는 믿음으로 살아 갈 수 있게 된다는 것을 잊어서는 안 된다.

> 나를 강한 원수와 미워하는 자에게서 건지셨음이여 그들은 나보다 강했기 때문이로다 그들이 나의 재앙의 날에 내게 이르렀으나 여호와께서 나의 의지가 되셨도다 나를 또 넓은 곳으로 인도하시고 나를 기뻐하시므로 구원하셨도다(삼하 22:18-20).

아무리 주위를 둘러봐도 이스라엘보다 약한 민족은 없다. 강대한 나라에 둘러싸여 위기에 놓여 있었던 그때 다윗은 무엇보다 하나님만을 붙들었다고 고백하고 있다. 그렇게 열심히 하나님을 붙들고 의지해 하나님을 부르니 재앙이 이르렀으나 하나님이 나를 넓은 곳으로 인도하시고, 나를 기뻐하시므로 구원하셨다고 고백한다.

다윗은 자기를 구원하시는 분은 오직 한 분 하나님이라 믿으며 죽음이 다가오는 순간에도 흔들리지 않고 하나님께 도움을 요청하였으니, 그 안타까운 모습을 바라보는 하나님이 어찌 그를 외면하실 수 있겠는가!

아니 하나님은 자기를 신뢰해 도움을 간청하는 다윗으로 인해 도리어 기뻐하셨다는 것이 그의 고백에 그대로 담겨 있으니 우리 하나님이 그러한 분이심을 아주 명확하게 드러내 주고 있다.

> 하나님은 나의 견고한 요새시며 나를 안전한 곳으로 인도하시며 (삼하 22:33).

다윗은 하나님만이 나의 요새가 되시고, 하나님이 계셔야만 안전하다고 고백한다. 성도는 다윗과 같이 오직 하나님 중심으로 신앙을 지켜가야 한다. 무엇보다 나를 안전하게 보호하시고 지키시는 분은 하나님의 손길이라는 사실을 잊지 않아야 한다. 최첨단 무기를 개발하고 국방력을 키우는 것이 안전을 담보하는 것이 아니라 살고 죽는 것조차도 하나님께 있음을 신뢰하자.

우리가 약함을 인정하고 하나님을 신뢰할 때 끊임없이 하나님께 나아가 도움을 청할 수 있게 되고, 하나님은 그를 기뻐하며 간절한 기도를 들으시고 응답하셔서 놀라운 일을 시행하실 것이다. 그러면 우리 역시 다윗과 같이 날마다 나를 구원하시며 새롭게 하시는 하나님의 놀라우신 그 은혜로 인해 감사하지 않을 수 없게 될 것이다.

당신의 안전은 강한 성에 있다고 믿는가?

아니면 내 기도를 들으시고 응답하시는 하나님께 있다고 믿는가?

5. 겸손함은 자기 자리를 인정하는 것으로부터 시작된다

> 주의 손가락으로 만드신 주의 하늘과 주께서 베풀어 두신 달과 별들을 내가 보오니 사람이 무엇이기에 주께서 그를 생각하시며 인자가 무엇이기에 주께서 그를 돌보시나이까(시 8:3-4).

시편 8편에서 하나님의 위대하심을 찬양하며 자기는 하나님 앞에서 아무것도 아님을 시인하고 감사하는 다윗의 모습을 보면 그는 누구보다 자기의 자리를 잘 알았던 겸손한 사람이라는 것을 공감하기에 조금도 부족함이 없다.

"내가 무엇이기에 돌보시나이까!"

참으로 대단한 고백이다. 이 정도쯤은 누구나 할 수 있을 것 같은 고백처럼 여겨질 수 있으나 스스로 대단한 존재인 듯 착각하며 살아 가는 시대에서 엄두는 물론 흉내조차도 쉽지 않은 고백이다. 아니, 하나님 앞에서까지 거들먹거리고 거만하여 자기 자랑에 매몰되어 살아 가고 있는 것이 우리네 현실이라 해야 더 솔직하다.

자기의 자리를 알아야 비로소 겸손하고 하나님을 높일 수 있다는 것이 오늘날 다윗에게서 배우는 또 하나의 신앙이다. 그리고 성도는 항상 잊지 않고 주의해야 하는 것이 있다.

나의 자리는 어디인가?
나는 창조주인가?
아니면 피조물인가?

성경에서 잘 드러나지는 않으나 특별히 존경하는 인물이 있다. 바로 에바브라다. 예전부터 이름은 익히 들어 알고는 있었으나 정작 그를 제대로 보기 시작한 것은 오래되지 않았다. 그런데 그를 알면 알수록 감탄을 마지않을 수 없다.

무엇보다 그가 내게 감동을 준 것은 자랑할 만한 충분한 성과를 내고 그 이름을 유명하게 할 수 있었던 기회가 있었음에도 자기의 분량을 지키며 겸손함으로 사명을 다하는 자라는 사실이었다.

많은 경우 에바브라와 사도 바울을 이야기하면 사도 바울의 흔적을 더 많이 기억하고 그를 존경한다는 말을 더 많이 듣는다. 당연한 일이리라.

사도 바울같이 자기를 희생하며 아시아와 이방인 선교를 위해 헌신한 사람이 또 어디 있겠는가!

가는 곳마다 복음을 전파하여 교회를 세웠던 이방인을 위한 참으로 위대한 사도가 아니었던가!

그런데 나를 놀라게 한 것은 사도 바울이 얼마나 위대한 사역의 결과를 남겼는가가 아니라 골로새 교회와 라오디게아 교회 그리고 히에라볼리 교회를 개척한 사람이 바로 에바브라였다는 것이다. 그리고 나를 더욱 놀라게 한 것은 그와 같은 교회를 개척하고도 자기의 이름조차도 드러내지 않았다는 사실이다.

그리고 나를 더욱 주목하게 했던 또 한 가지, 그것은 자기의 명성을 나타낼 기회조차도 사도 바울에게 연결해 주었던, 그래서 오직 그리스도만 드러나게 했던 신실하고 겸손한 일꾼이었다는 것이다!

> 이와 같이 우리와 함께 종 된 사랑하는 에바브라에게 너희가 배웠나니 그는 너희를 위한 그리스도의 신실한 일꾼이요 성령 안에서 너희 사랑을 우리에게 알린 자니라(골 1:7-8).

에바브라는 목회에 대한 상당한 지식을 소유했던 사람이었다. 그러나 그는 자기 교인을 사도 바울에게 연결해 신앙이 더욱 깊어지고 성장할 수 있도록 기회를 제공하는 것을 주저하지 않았다.

그러면 사도 바울에게 연결된 골로새 교회와 라오디게아 교회는 어떻게 되었을까?

바울과 함께 있던 건강한 사역자 두기고와 오네시모가 파송되어 각 교회가 든든하게 세워지는 장면은 결코 에바브라를 제쳐 놓고 설명할 수 없는 사건이라 하겠다.

하나님이 명령하시는 겸손에는 분명한 이유가 있다. 자기의 자리를 지켜 스스로 낮은 자의 자리를 살아 가는 것을 두려워하지 않을 때 하나님은 그를 외면하지 않으실 뿐 아니라 기꺼이 그를 세우시고 그를 위해 예정된 바른 복음이 전달되게 하시므로 놀라운 열매를 맺게 해 주실 것이다.

종종 혼자서 모든 것을 해결하려는 지나친 욕심을 마치 자기 능력인 것처럼 생각하는 습성을 자랑스럽게 생각하는 이들을 볼 수 있다. 부끄럽지만 나 역시 그중 하나다. 만약 나였다면 그 상황 가운데 내가 개척했으니 내가 성장시켜야 하고, 문제가 발생해도 죽이 되든 밥이 되든 내가 해결하려 했을 것이다. 무슨 일이든지 내가 중심이 되어야 하고, 모든 문제를 내가 핵심이 되어 해결하고 싶은 욕망이 심장 깊은 곳에서부터 늘 꿈틀거린다.

그런데 에바브라를 공부하면서 이와 같은 생각이 얼마나 어리석고 교만한 행동인가를 알게 되었다. 에바브라는 그런 나에게 그것은 결코, 선을 이룰 수 없는 독선이요, 교만함의 극치일 뿐이라는 것을 알게 해주었던 그야말로 감동적인 스승이다.

그래서 이제는 에바브라와 같이 사도 바울과 같은 전문사역자에게 성도들을 연결하고 성숙한 신앙인으로 성장할 수 있도록 돕는 목회자로 살고 싶다.

이것이 에바브라가 내게 도전을 주고 있는 목회의 자리이며 믿음의 행동이자 겸손함으로 하나님의 영광을 위한 사역이라 믿는다.

지금 우리는 분에 넘치는 욕심으로 가득해 성공을 향한 욕망에 빠져 사는 교만한 사람인지 아니면 하나님이 주신 자리를 기꺼이 감사함으로 받아들이며 겸손으로 살아 가는 사람인지를 다시 돌아볼 일이다.

6. 겸손한 마음이 필수다

> 여자가 이르되 주여 옳소이다마는 개들도 제 주인의 상에서 떨어지는 부스러기를 먹나이다 하니 이에 예수께서 대답하여 이르시되 여자여 네 믿음이 크도다 네 소원대로 되리라 하시니 그 때로부터 그의 딸이 나으니라 (마 15:27-28).

두로와 시돈 지방으로 복음을 전파하러 가신 예수님은 수로보니게 족속 출신의 한 여인을 만나게 된다. 여인은 예수님을 보자마자 간절한 마음으로 소리를 지르며 딸에게 붙어 있는 귀신을 내쫓아 주시길 간구한다. 그런데 예수님은 갈구하는 여인에게 '개들까지 신경 쓸 시간이 없다'고 말씀하신다 (마 15:21-26).

여인은 처음 본 예수님의 처신에 당혹감을 감출 수 없었을 것이다. 어쩌면 지금까지 들어왔던 예수님에 대한 소문과는 정반대였을지도 모른다. 그런데도 이 모욕적인 말을 들은 여인은 고민도 하지 않고 예수님께 자기를 천한 개로 인정하며 낮추는 겸손함을 보였다.

결국, 예수님은 마음을 바꾸시고 여인의 간절한 소원이었던 딸의 귀신 들림을 치료해 주셨다.

신앙생활 하는 성도가 가져야 하는 자세는 무엇일까?

오직 하나님 앞에 자기를 낮추며 겸손한 태도를 취하는 것이라 할 수 있겠다.

> 아합이 내 앞에서 겸비함을 네가 보느냐 저가 내 앞에서 겸비함을 인하여 내가 재앙을 저의 시대에 내리지 아니하고 그 아들의 시대에야 그 집에 재앙을 내리리라 하셨더라(왕상 21:29).

이스라엘의 역사를 보면 아합과 같이 어리석은 왕이 없었다. 하나님을 버리고 바알을 숭배하는 이방 나라의 이세벨을 아내로 맞이하고 우상 섬기는 일에 열심을 가지고 있었으니 말이다. 얼마나 우상숭배에 심취하였던지 바알 선지자가 사백오십 명이었고 아세라 선지자가 사백 명이나 되었을 정도로 악을 행했다(왕상 18:19).

그뿐만 아니라 아합은 탐욕도 가득해 다른 사람이 좋은 포도원을 가지고 있는 꼴을 보지 못하고 식음도 전폐하며 빼앗을 생각이나 하고 있었으니 얼마나 사특한 중심을 가진 자였는지 알 수 있다.

하나님을 떠나 우상을 숭배하고 탐욕으로 가득한 아합이 용서를 받는 것이 가능할까?

하나님께 용서를 구하는 것 자체가 부끄럽고 불가능한 것처럼 보인다. 그러나 하나님은 불가능을 가능으로 만드시는 분이다. 아합이 자기의 죄를 인정하고 금식하며 풀이 죽어 다니는 모습을 보시고 악독한 죄를 범하였음에도 재앙을 유월하셨다. 이렇듯 하나님을 낮은 자세(겸손)로 섬길 때 우리의 마음을 받아주신다.

어느 날 나는 큰 도로에서 위험한 상황을 목격하게 되었다. 25.5톤의 덤프트럭이 도로를 달리고 있을 때 빨간색 작은 소형차가 덤프트럭 앞으로 급하게 차선을 변경한 것이다. 덤프트럭 운전기사는 많이 놀랐는지 요란한 소리를 내며 브레이크를 밟아 급정거하였다. 자칫 잘못하면 덤프트럭이 소형차를 덮칠 수 있는 상황이었다.

덤프트럭 운전기사는 화가 났는지 소형차를 향해 연신 '빵빵' 경적을 울려대며 빨간 소형차를 앞질러 가로막았다. 그리고 차에서 내려 소형차를 운전한 여성에게 고함을 지르기 시작했다. 고성과 욕설이 남발하는 그때, 소형차에서 내린 여성은 덤프트럭 운전기사를 향해 90도로 얼굴을 숙이며 이야기했다.

"죄송합니다. 제가 운전이 미숙해서 그랬어요. 정말 죄송합니다."

아주머니의 미안한 표정과 잘못을 인정하는 말을 들은 덤프트럭 운전기사의 태도는 나의 시선을 사로잡았다. 불같이 화를 내던 운전기사의 분노는 일순간 사그라들었고 이내 차분해진 목소리로 말했다.

"아이고, 아주머니 사고 날 뻔했잖아요. 조심해서 운전하세요."

그리고서 덤프트럭을 몰고 유유히 사라졌다. 위험했던 상황을 목격하면서 수로보니게 여인이 떠올랐고, 아합이 생각이 났다. 자기의 부족함과 죄를 인정하고 겸손한 마음을 가질 때 용서함을 받을 수 있다는 것이다.

> 주권자가 네게 분을 일으키거든 너는 네 자리를 떠나지 말라 공손함이 큰 허물을 용서 받게 하느니라(전 10:4).

전도서에서는 이와 같은 태도를 통해 하나님께 용서받을 수 있음을 말해주고 있다. 죄를 지었을 때 뻔뻔한 자세를 취하는 것이 아닌 공손한 마음만 가져도 큰 허물을 용서해 주신다는 것이다. 겸손이라는 것은 약한 척하며 굽신거리는 모습이 아니다. 하나님이 원하시는 겸손은 강퍅한 마음을 버리는 것이다.

지난날 나의 모습을 보니 반복되는 죄악을 범하면서도 강퍅한 마음을 가지며 뻔뻔하게 일관했던 모습들이 부끄러웠다. 따가운 음성 앞에 엎드렸던 수로보니게 여인처럼 그리고 자기 잘못을 인정했던 아합을 정면 교사 삼아 강퍅한 마음을 내려놓고 날마다 회개하는 겸손한 마음을 갖기를 바란다.

7. 하나님의 의도를 파악합시다

> 여호사밧이 또 이스라엘의 왕에게 이르되 청하건대 먼저 여호와의 말씀이 어떠하신지 물어 보소서(왕상 22:5).

북이스라엘의 아합왕은 유다왕 여호사밧과 함께 길르앗 라못을 차지 하길 원했다. 그러자 여호사밧은 여호와의 말씀이 어떠한지 물어보고 결정하자고 제안한다.

아합은 선지자를 사백 명쯤 모아 하나님의 음성을 듣고자 했는데 모두가 승리와 평안을 선포했다. 그중 시드기야라는 선지자는 자기의 인정과 영광을 위해 철로 뿔까지 만들어 와서 이길 것이라고 강하게 선포하기도 했다(왕상 22:5-11).

그뿐만 아니라 아합에게 흉한 것만 예언한다고 해서 미운털이 박힌 이스라엘의 마지막 선지자 미가야의 입술에서 조차 놀랍게도 승리를 예언하는 메시지가 나오는 것이 아닌가!

이렇듯 승리는 이스라엘의 것이라 확실시된 것처럼 보였다. 그런데 마음에 걸리는 것이 딱 하나 있었다. 미가야 선지자를 통해 하나님의 음성을 들어보니 라못을 차지할 수는 있지만 전쟁을 통해 북이스라엘의 왕 아합은 죽게 된다는 것이다.

> 여호와께서 말씀하시기를 누가 아합을 꾀어 그를 길르앗 라못에 올라가서 죽게 할꼬 하시니(왕상 22:20).

만약에 내가 아합왕이라면 어떤 선택을 내려야 할까?
이긴다고 하니 무조건 강행해야 할까?
아니면 생각을 깊이 하면서 하나님의 마음을 더 살펴야 할까?

조금만 묵상하면 하나님의 뜻을 파악할 수 있다. 이것은 전쟁해서 땅을 차지하라고 하시는 것이 아니라 하지 말라 하시는 깊은 뜻이 내포되었다는 것이다. 지금껏 이스라엘 백성의 전쟁을 묵상해 보면 자기의 한계를 깨닫고 엎드려 하늘을 쳐다볼 때 하나님은 승리를 허락해 주셨다.

그러나 많은 성도가 아합이 선택한 것과 같이 어리석은 방식을 따른다. 좋은 환경이 열렸다고 해서 하나님의 인도하심이라 오해하고, 선택하는 기복주의 성도들이 너무 많다. 물론 나도 예외는 아니었다. 이전의 신앙생활을 돌아보면 온통 유익을 따라 선택했고 유익이 되면 하나님의 뜻이라 착각했으니 말이다.

그러나 이런 방식이 습관이 되면 결국 하나님의 뜻을 구하게 되는 것이 아니라 유익에 따라 움직이는 삶을 살게 된다.

그렇다면 나의 유익을 선택하지 않고 하나님의 뜻을 구하기 위해서는 어떻게 해야 할까?

생각이 깊어져야 한다. 묵상하지 않으면 절대로 하나님의 뜻을 파악할 수 없고 본능적으로 유익을 선택하게 되는 것이다.

몇 달 전 꿈속에서 하나님의 음성을 듣게 되었다. 나는 인본주의 사역자처럼 마이크를 잡고 성도들을 즐겁게 해주는 모습을 하고 있었다. 즉, 하나님을 의식하는 예배를 드리는 것이 아닌 랩도 하고, 레크레이션도 하면서 성도들의 구미에 맞게 진행하고 있었다. 그때 얼굴도 모르는 한 목사님이 들어오시더니 내가 가진 마이크를 빼앗으시면서 말씀하셨다.

"이거 원래 내 것이야."

내가 섬기는 교회의 담임목사님은 나의 꿈 이야기를 들으시고 말씀해 주셨다.

"하나님은 이렇게 예민하신 분이야, 우리가 이전 사역 방식을 버리지 않으면 하나님의 일을 맡겨 주시지 않아."

꿈을 꾸고 난 뒤에 몇 달이 지났을까?

내가 꾼 꿈이지만 기억이 가물가물하고 있었을 때 목사님은 이렇게 말씀하셨다.

"문성아, 이전에 네가 꾼 꿈이지만 마치 내가 꿈을 꾸었던 것처럼 마이크를 빼앗으시는 하나님을 지금도 생각한단다."

타인이 꾼 꿈이기에 그냥 지나칠 수도 있는 이야기였을 텐데도 목사님은 하나님의 뜻이 무엇인지를 깊이 묵상하시고, 목회자에게 특별히 예민하신 하나님을 두려운 마음으로 섬기고 계셨다. 그러나 정작 꿈을 꾼 당사자인 나는 하나님의 음성에 전혀 관심을 두지 못했다.

하나님은 지금도 우리에게 말씀하고 계신다. 행인을 통해도 말씀하시고, 상황을 통해도 말씀하시고, 어린아이들의 입을 통해도 하나님의 음성을 전달해 주신다.

'하나님의 뜻이 무엇일까?'

삶을 깊이 묵상하지 않고 고민하지 않는다면 결코 유익을 선택하는 기복주의 신앙을 초월할 수 없게 된다. 날마다 우리에게 어떤 음성을 주시는지 깊이 묵상하면서 하나님의 뜻을 알기 위해 수고하는 성도가 되기를 소망해 본다.

8. 천국 잔치에 들어가려면

> … 혼인 잔치에 오소서 하라 하였더니 그들이 돌아보지도 않고 한 사람은 자기 밭으로, 한 사람은 자기 사업하러 가고(마 22:4-5).

임금되신 하나님은 천국 잔치를 여시고 사람들을 초대하셨으나 아무도 잔치에 오지 않았다. 그래서 이번에는 혼인 잔치에 오찬을 준비해 놓으시고 사람들을 부르셨다. 그런데 사람들은 혼인 잔치조차 오기를 거부했다.

도대체 무슨 일이 벌어진 것일까?

원인은 간단하다. 모두 자기 소유를 내려놓지 못했기 때문이다. 천국 잔치에 참여하지 않은 사람들의 문제를 살펴보면 하나같이 소유에 집착하고 있다는 것을 알 수 있다. 어떤 사람은 밭이 있었고, 어떤 사람은 사업을 운영하고 있었다.

모두 하나님이 주신 복을 받아 누리는 사람이었지만 복을 주신 주인이 베풀어 놓은 잔치의 부르심은 거부하고 소유를 위해 밭으로 나가고 사업을 선택한 것이다.

> 르우벤 자손과 갓 자손은 심히 많은 가축 떼를 가졌더라 … 이 땅을 당신의 종들에게 그들의 소유로 주시고 우리에게 요단 강을 건너지 않게 하소서 (민 32:1-5).

많은 사람이 소유를 통해 자기의 존재를 증명하려고 한다. 아니 소유가 존재 목적이 되는 경우도 허다하다. 르우벤 자손과 갓 자손이 그랬다. 하나님이 요단강을 건너라고 말씀하셨을 때 이들은 그 말씀을 듣지 않았다.

눈을 들어 살펴보니 요단강 서편보다는 동편이 부를 축적하기에 훨씬 좋아 보였다. 요단강을 건너려면 얼마나 많은 수고를 해야 할지, 또 요단강을 건넜을 때 어떤 상황이 기다리고 있을지 아는 것도 없었다. 그러니 하나님 말씀에 순종하기보다 제 생각에 옳은 대로 선택하는 어리석은 방식을 따른 것이다.

하나님은 이미 부족함 없이 먹고살 수 있도록 일용할 양식을 주시고 모든 필요를 예비해 주셨다. 그리고 마침내 하나님 나라를 잃지 않도록 그 모든 것을 준비하셔서 천국 잔치로 부르신다. 이때 말씀에 순종하여 따르기만 하면 모든 은택을 누리며 살 수 있는 복을 주시는 분이 바로 하나님이시다.

> … 여호와는 너를 애굽 땅 종 되었던 집에서 이끌어 내시고 … 물이 없는 건조한 땅을 지나게 하셨으며 또 너를 위하여 단단한 반석에서 물을 내셨으며 (신 8:14-16).

출애굽의 광야 생활은 천국 혼인 잔치의 모형이라 할 수 있다. 이스라엘 백성이 거할 장막이 있었고, 밭에 나가 땀을 흘리며 일하지 않아도 만나와 메추라기로 배불리 먹을 수 있었다.

어디 그뿐인가?

불 뱀과 전갈의 위험에서도 보호받았다. 게다가 무려 사십 년 동안이나 거친 광야를 걸어 다녔음에도 발이 부르트지 않았고, 신발과 옷조차 해어지지 않는 기적을 누렸다.

모세를 따라 광야로 들어온 이스라엘 백성이라면 누구나 예외 없이 이와 같은 혜택을 누리며 하나님으로부터 필요를 공급받아 풍요로운 생활을 마음껏 즐길 수 있었다. 이러한 은혜는 지금도 여전히 존재한다.

간혹 사역하는 과정에서 받는 질문이 있다.

"남자아이 둘을 키우는데 가정 형편은 괜찮습니까?"

어려운 형편의 교회에서 지급하는 사례비만으로 어떻게 생활하는가를 걱정하시는 분들이 염려하며 건네는 질문이다. 나의 대답은 이렇다.

"마치 광야에서 하나님이 때를 따라 주시는 은혜를 누리며 조금도 부족함이 없었던 이스라엘 백성과 같이 나 역시 하나님이 허락해 주신 교회 공동체를 통해 때를 따라 도우시는 은혜를 누리며 조금도 부족함 없이 살고 있습니다."

그렇다. 하나님은 먹을 것을 서로 나누고, 섬기며 배려하기를 힘쓰는 지체들로 인해 십오 년이 넘는 세월 동안 한 번도 부족함 없이 살게 하셨다. 먹을 것이 부족해서 고단하거나 필요를 위해 다른 생각을 해본 일이 단 한 번도 없으니 말이다. 아니 오히려 풍족하고도 넘쳐서 동네 사람들에게 주님이 주신 것을 나누기까지 했다. 그 은혜 속에 지금도 변함없이 하나님이 내게 주신 은혜를 누리며 복음 전하는 일을 즐거움으로 감당하고 있다.

거친 광야에서도 먹을 것과 입을 것을 공급하시는 하나님의 은혜로 마침내 가나안으로 들어가는 이스라엘 백성처럼 내게도 그와 같은 하나님의 도우심이 날마다 그치지 않고 이어지고 있다.

그렇다면 누구나 부족함이 없는 광야와 천국 잔치에 들어갈 수 있는 길은 없을까?

그 해결책은 가치관의 변화가 일어나야 한다는 데 있다. 인생의 가치를 물질의 많고 적음이 능력인 것처럼 생각하는 순간 천국 잔치에 들어갈 기회는 완전히 상실하게 된다. 혼인 잔치보다 더 많은 소산을 얻기 위해 밭으로 일하러 가고, 더 많은 소득을 위해 사업을 앞세운 사람이 그렇다.

나아가 요단강 건너편의 상황을 살펴본 후 요단강 이편을 달라고 요구한 르우벤 자손과 갓 자손 역시 소유에 마음을 빼앗겼고 그것을 목적으로 삼았기 때문에 하나님이 베푸신 천국 잔치는 눈에도 들어오지 않았을 것이다.

천국 잔치를 중요하게 생각하고 우리의 주인 되신 주님이 베푸시는 잔치에 들어가기를 소망한다면 먼저는 하나님이 보내신 종들의 음성에 귀를 기울일 수 있어야 한다. 그리고 세상 소유가 아니라 하나님 나라를 목적으로 삼는 가치의 변화가 일어나야 한다.

그래야 그 어떤 유혹에도 마음이 흔들리지 않고 조금도 반응하지 않게 될 수 있다. 그럴 때 따라야 하는 것이 무엇이고 순종해야 할 말씀이 어떤 것인지도 선명해지는 것이다.

하나님은 여전히 성도들이 하나님 나라를 소망하며 살아 가도록 기대하신다. 이 일을 위해 목회자를 통해 끊임없이 천국 잔치로 초대하고 계신다. 이제 세상의 즐거움이나 소유를 위해 땀 흘리며 수고했던 망하는 길에 이르는 세상의 가치를 내려놓자. 그리하여 가치관의 변화를 통해 하나님 나라에 이르기를 소망하며 날마다 천국 잔치에 참예하길 간절하게 열망한다.

9. 주께서 더 신뢰하신다!

> … 주인이 이르되 잘하였도다 착하고 충성된 종아 네가 적은 일에 충성하였으매 내가 많은 것을 네게 맡기리니 네 주인의 즐거움에 참여할지어다 하고 두 달란트 받았던 자도 와서 이르되 주인이여 내게 두 달란트를 주셨는데 보소서 내가 또 두 달란트를 남겼나이다(마 25:19-22).

다섯 달란트 받은 자와 두 달란트 받은 자의 비유에서 주님의 일을 맡은 자라면 어떻게 수고하는 것이 바람직한가에 관해 잔잔한 도전을 받곤 한다. 다섯 달란트를 받은 사람이든 두 달란트를 받은 사람이든 모두 주인으로부터 받은 것에 대해 불평 없이 힘을 다해 장사하고 마음을 다해 신실하게 수고했다는 것을 부인할 사람은 아무도 없을 것이다.

그리고 각각 수고에 따른 결과를 내어 주인으로부터 칭찬받는 모습에서 우리 역시 그리스도인으로서 주님이 주신 사명을 신실하게 감당할 때 칭찬받으리라는 기대를 하게 한다.

> … 잘하였도다 착하고 충성된 종아 네가 적은 일에 충성하였으매 내가 많은 것을 네게 맡기리니 네 주인의 즐거움에 참여할지어다 하고(마 25:21).

이러한 이유로 지금까지 사역하면서 교회의 일을 맡은 자들에 대해 설교할 때 자주 이 본문을 택해 당부하는 것을 유익으로 여기곤 했다. 신실함은 언제나 상당한 유익을 가져온다. 그러나 말씀이 없는 신실함은 오히려 부작용을 가져올 수 있다는 것을 주의해야 한다.

마르다는 말씀을 가르치시는 예수님을 대접하기 위해 열심히 그리고 분주하게 준비했다. 그때 동생 마리아는 주님의 발치 아래에 앉아 말씀을 듣는 일에 집중하고 있었다. 마르다는 마리아의 이와 같은 모습이 샘이 났는지 아니면 혼자 준비하는 일이 벅찼는지 주님께 이렇게 요청한다.

> 마르다는 준비하는 일이 많아 마음이 분주한지라 예수께 나아가 이르되 주여 내 동생이 나 혼자 일하게 두는 것을 생각하지 아니하시나이까 그를 명하사 나를 도와주라 하소서 … (눅 10:39-41).

그러자 주님은 말씀하셨다.

> … 네가 많은 일로 염려하고 근심하나 몇 가지만 하든지 혹은 한 가지만이라도 족하니라 마리아는 이 좋은 편을 택하였으니 빼앗기지 아니하리라

하시니라(눅 10:41-42).

마르다는 예수님을 대접하기 위해 분주히 여러 가지를 준비할 때 동생이 돕지 않는 것을 불만스럽게 여기고 그로 인해 정죄하며 주님께 불만을 토로하는 모습을 보게 된다.

뭔가 이상하지 않은가?

예수님을 대접하고자 선을 행하는 일에 불평이 생기고 도리어 남을 정죄하는 일이 발생하게 되니 말이다. 많은 성도가 주님의 기쁨을 위해 섬기며 헌신하는 일로 인해 도리어 마르다와 같이 불만스러운 상황에 이르기도 한다. 그래서 하나님께 영광 돌리는 수고를 하면서도 더러는 자기의 수고를 외면하듯 돕지 않는 성도들에 대해 비판을 가하므로 도리어 죄를 짓게 되기도 한다.

그렇다면 하나님의 영광을 위해 맡은 일을 감당할 때 어떻게 해야 감사하는 마음으로 신실하게 섬길 수 있을까?

> 또 어떤 사람이 타국에 갈 때 그 종들을 불러 자기 소유를 맡김과 같으니 각각 그 재능대로 한 사람에게는 금 다섯 달란트를, 한 사람에게는 두 달란트를, 한 사람에게는 한 달란트를 주고 떠났더니(마 25:14-15).

먼저, 소유를 맡기는 주인의 뜻을 깊이 공감할 수 있어야 한다. 말씀을 묵상하면서 종들을 향한 주인의 신뢰에 대해 예상치 못한 사실을 알게 되었다.

금 한 달란트의 무게는 일반적으로 34킬로그램으로 계산하는데 이 가치는 당시 장정 한 사람이 약 이십 년 동안 받을 품삯에 해당하는 어마어마한 금액이다. 다섯 달란트와 두 달란트와 한 달란트를 각각 맡겼으니 그 액수를 합산하면 상상을 초월하는 재산이다. 그런데 성경 속 주인은 이와 같은 거액을 아낌없이 종에게 맡겨 놓고 여행을 떠난 것이다.

'과연 어떤 주인이 그 많은 재산을 무엇을 믿고 그렇게 오랫동안 맡기고 여행을 떠날 수 있다는 말인가!'

그렇게 고민하다 문득 이런 생각에 이르게 되었다.

'주인이 자기의 종을 마치 친자식처럼 대하고 있구나!'

이에 대해 본문에서 밝히 말을 하고 있지는 않지만, 바탕에는 분명 주인이 종들을 대하는 마음이 이와 같으리라는 것을 생각하게 된 것이다. 그렇지 않고는 단순히 종들에게 이런 어마어마한 재산을 맡겨 놓고 오랜 후에 돌아올 만큼 마음 편히 여행을 떠날 수 있는 주인이 있다는 것은 뭔가 상식적이지 않았다.

이같이 자기를 아들로 여기며 신뢰하는 주인에게 착하고 충성된 종들은 무한한 신뢰에 더 큰 책임감을 느끼며 힘을 다해 수고하기를 주저하지 않았을 것이다. 그러나 한 달란트 받은 종은 이들과 사뭇 다른 태도를 보였다.

> 한 달란트 받았던 자는 와서 가로되 주여 당신은 굳은 사람이라 심지 않은 데서 거두고 헤치지 않은 데서 모으는 줄을 내가 알았으므로 두려워하여 나가서 당신의 달란트를 땅에 감추어 두었었나이다 보소서 당신의 것을 가지셨나이다(마 25:24-25).

전반적인 분위기를 보면 한 달란트를 받았던 종은 주인에 대해 상당한 부담감을 가졌다. 그는 주인을 '심지 않은 데서 거두고 헤치지 않은 데서 모으는 굳은 사람'이라 생각했다.

주인이 그와 같은 재산을 맡겼을 때 그분이 나를 얼마나 신뢰하는가를 생각해야 하는데 이를 생각지 않고 자기의 소견대로 처신한 것이다. 그로 인해 자식처럼 믿어준 주인을 오히려 악한 사람이라 여기고 달란트를 땅에 감추어 두고 시간을 허비하고 말았다.

얼마나 당황스러운 모습인가!

교회를 다니며 주님이 주신 일로 섬기게 될 때, 만일 하나님의 사랑하심과 나를 향하신 주님의 신뢰를 받아들이지 못한다면 마치 한 달란트를 맡은 자와 같이 주님이 맡겨 주신 일에 대해 오해하고 안타까운 결과에 이를 수도 있다는 사실을 깨닫게 되는 순간이다.

우리는 달란트 비유를 통해 하나님이 먼저 우리를 자녀와 같이 신뢰하신다는 사실을 받아들일 수 있어야 한다. 그래야 주인을 위해 수고와 헌신을 아끼지 않은 종들과 같이 우리에게 맡겨 주신 사명을 감당할 때 수고가 헛되지 않고 기쁨으로 감당할 수 있게 될 것이다.

무엇보다 이미 죄 많은 우리에게 구원을 베풀어 주시며 자기 아들을 내어 주시기까지 사랑으로 그 사실을 입증하신 분이 우리 주님이시니 주님이 나를 얼마나 더 신뢰하시고 사랑하시는가를 강조하고 강조해도 조금도 지나침이 없다. 이제는 우리의 모습을 깊이 묵상해 볼 수 있어야 한다.

누가 더 신뢰하고 있는가?
내가 하나님을 더 신뢰한다고 생각하는가?
아니면 하나님이 나를 더 신뢰한다고 믿어지는가?

우리는 스스로 하나님의 영광을 위해 헌신하며 수고한다고 주장하지만, 사실은 하나님이 나를 더 신뢰하시며 수고하고 계신다는 것을 알아야 한다.

나는 이 말씀을 통해 내가 받은 하나님의 사랑이 얼마나 놀라운가를 다시 생각하며 인정하게 되었다. 나밖에 모르는 이 기적인 죄인을 부르시고 그것도 목사가 되게 하셨고, 나아가 하나님을 뜨겁게 사랑하는 동역자를 주시고, 목회를 배우게 하시며 주님이 가신 그 길을 따르게 하시니 나를 사랑하시고 신뢰하시는 주님의 그 은혜가 얼마나 놀랍고 큰지 말로 다 할 수 없다.

묵상이 깊어졌으면 좋겠다. 하나님이 죄악에 연약한 우리를 위해 얼마나 많은 희생과 수고를 하셨는지, 그와 같은 나를 얼마나 사랑하고 신뢰하시는지를 깨달을수록 불평이 아닌 날마다 감사하므로 헌신하며 섬기는 감동의 삶이 시작되리라.

작은 일에도 다른 사람과 비교하면서 불평하고, 남들보다 가진 것이 없다고 원망하면 주님을 기쁘시게 할 기회를 평생 놓치게 될 것이다. 다섯 달란트와 두 달란트를 받았던 그 종처럼 주인의 신뢰를 받아들이고, 맡겨 주신 우리의 인생을 주를 위해 귀하게 헌신하는 성도로 살아 가는 새로운 변화가 시작되기를 기대한다.

10. 메로스를 저주하라

> 여호와의 사자의 말씀에 메로스를 저주하라 너희가 거듭거듭 그 주민들을 저주할 것은 그들이 와서 여호와를 돕지 아니하며 여호와를 도와 용사를 치지 아니함이니라 하시도다(삿 5:23).

하나님은 메로스 족속을 거듭거듭 저주하라고 명령하셨다. 그들이 누구이기에 하나님은 저주하라고 하셨을까?

그들은 납달리 땅에 속해 살면서 하나님의 보호를 받았던 족속들이다. 하나님 때문에 안전했고, 하나님 때문에 복을 누리며 살았음에도 불구하고 정작 하나님의 영광을 위해 가나안의 야빈 족속과 싸워야 할 때는 종적을 감춰버렸다. 그들은 전쟁에 참여했다가 내 소유를 잃을까 두려웠고, 피해당할까 두려워했다.

그들의 이러한 태도는 은혜를 모르는 이기적인 행동이었다. 저주받은 메로스 족속을 통해 하나님이 무엇을 싫어하시는지 잘 알아야 한다. 하나님은 감사를 기억하지 않는 사람을 싫어하신다.

> 결산할 때에 만 달란트 빚진 자 하나를 데려오매 갚을 것이 없는지라 주인이 명하여 그 몸과 아내와 자식들과 모든 소유를 다 팔아 갚게 하라 하니 그 종이 엎드려 절하며 이르되 내게 참으소서 다 갚으리이다 하거늘 그 종의 주인이 불쌍히 여겨 놓아 보내며 그 빚을 탕감하여 주었더니 (마 18:24-27).

신약에서도 마태복음 18:23-34을 통해 메로스 족속과 같은 예화를 볼 수 있다. 예수님은 주인에게 일만 달란트를 빚진 사람에 대한 비유를 말씀하신다.

돈을 빌린 한 사람이 주인에게 엎드려 참아달라 애원하니 천천히 갚으라고 명령하지 않으시고 탕감해 주는 것을 알 수 있다. 이 비유를 통해 하나님의 사랑이 얼마나 놀라운지 깨달을 수 있다. 사람이 평생 죽어라 일해도 갚을 수 없는 큰돈을 탕감해 주셨으니 말이다. 그러나 일만 달란트를 탕감받은 종은 자비를 베풀어 주신 주인의 은혜를 망각하고 자기에게 백 데나리온 빚진 자를 만나자, 멱살을 잡으며 감옥에 가두었다.

결국, 은혜를 기억하지 못하고 악하게 반응한 일만 달란트 빚진 자는 탕감받았던 빚을 고스란히 다 갚아야 하는 신세가 되고 말았다.

이처럼 하나님은 성도들에게 은혜를 기억하지 않는 메로스의 문화에서 떠나길 원하신다. 그렇다면 혹시 일만 달란트 빚진 자와 메로스 족속처럼 은혜를 기억하지 않는 모습으로 살고 있지 않은지 날마다 점검해야 한다.

신학도 시절, 나는 은혜를 모르는 사람이었다. 금요일 저녁에 한 주의 모든 수업을 마치고 집으로 돌아갈 때면 항상 전철역 앞에까지 데려다주는 선배가 있었다. 선배의 헌신 때문에 집으로 가는 많은 시간을 절약할 수 있었고 전철역까지 가는 시외버스 요금도 아끼게 되었다.

그러나 문제는 혜택은 있는 대로 다 받고 있었지만 정작 감사가 없다는 것이다. 입술로는 감사하다고 항상 말했지만, 말뿐인 감사는 진정한 감사가 아니다.

전철역까지 데려다주는 수고와 기름값을 생각한다면 결코 입술로만 감사할 수 없다. 운전하느라 피곤할 것을 생각해서 따듯한 커피 한 잔 준비해 오지도 않았고 매 학기 도움을 받았지만 주유할 때 기름값 한번 내드린 적이 없으니 얼마나 눈치도 없고 양심이 없었는지 모른다.

나는 메로스의 문화를 가지고 있었다. 오로지 시각이 나에게 맞춰 있어 다른 사람의 헌신에 대해 감사하지 못했고 표현하지 못했다.

메로스의 문화에서 벗어나고 싶다. 그 이기적인 문화로 살다가는 값으로 매길 수 없는 우리를 구원하신 하나님의 그 사랑을 받고서 말 뿐인 감사를 하며 살 수밖에 없을 것이다. 말뿐인 이기적인 삶을 탈피하고 은혜를 받았다면 진심으로 감사하는 인생이 되길 소망한다.

11. 세상 풍속에 물들면

> 큰딸이 작은딸에게 이르되 우리 아버지는 늙으셨고 온 세상의 도리를 따라 아버지에게 술을 마시게 하고 동침하여 우리 아버지로 말미암아 후손을 이어가자 하고(창 19:31-32).

화려한 소돔과 고모라 땅으로 이주한 롯의 일가는 시간이 지나면서 하나님을 떠나 세상 문화에 매료되고 말았다. 성경이 보여 주는 것과 같이 롯의 딸들이 위기에 직면해 있을 때, 아버지와 동침하여 대를 이어가자고 했던 모습을 보면 소돔과 고모라에서 어떤 영향을 받았는지 충분히 짐작할 수 있다. 인간적인 방법을 통해 스스로 목적을 이루는 것을 보면 하나님을 전혀 살피지 않았다는 어리석음이 그대로 전달된다.

그렇다면 롯의 일가는 언제부터 소돔과 고모라의 가치에 지배받았을까?

분명한 것은 믿음의 선조 아브라함과 분리되기 전에는 아브라함을 따라 하나님을 섬기며 하나님의 인도하심을 따른 것으로 보인다. 그런데 그들이 달라진 모습으로 등장하는 것은 소돔과 고모라 땅을 보면서부터 시작되었다는 생각이 든다. 심판받기 전의 소돔과 고모라는 롯의 눈에 여호와의 동산과 같이 보였고 애굽 땅과 같았다고 하지 않았던가(창 13:10). 그리하여 롯은 주저함 없이 소돔과 고모라 를 선택한 것이다.

소돔은 사해 남부에 위치해 소금 광산으로 둘러싸인 부유한 도시였다. 흔히 돈이 넘쳐 났던 도시가 그랬듯이 소돔도 남색(男色)과 같이 성적으로 문란했고 도덕적으로도 심각하게 퇴폐했었다. 동성 간 성행위를 의미하는 영어 '소도미'(sodomy)라는 단어는 소돔 사람들이 행했던 죄악 행위에서 나온 말로 당시 얼마나 심각하게 타락했는지를 잘 보여 주는 말이라 할 수 있다.

또한, 고모라는 '깊은', '물이 많은'이란 뜻으로 요단의 저지대에 위치해 있어 물이 많아 크게 번성한 도시였다. 하지만 소돔처럼 부유한 만큼 도덕적으로 심각하게 타락하여 유황불의 심판을 피하지 못했던 곳이기도 하다.

롯의 가족은 소돔과 고모라에 거주하면서 세상과 구별되지 못한 영적인 안일함 속에 타락한 지역 주민과 섞여 살며 믿음에서 이탈하고 말았다. 하나님의 긍휼하심으로 심판과 멸망으로부터 탈출하게 된 롯과 그의 딸들이었지만, 아버지와의 근친상간이라는 비정상적인 방법으로 후손을 얻으려고 하는 두 딸의 모습은 소돔과 고모라의 타락한 문화의 영향이 가져온 비극이라 하지 않을 수 없다.

우리는 이렇게 태어난 롯의 후손이 이스라엘의 원수요, 하나님이 미워하시는 모압과 암몬 족속이라는 사실에 주의해야 한다. 롯의 일가의 모습은 죄 많은 세상에서도 하나님을 향한 믿음을 유지하는 방법에 대한 한 가지 지혜를 얻을 수 있다. 그것은 세상 문화를 경계하며 그것으로부터 구별되어야 한다는 것이다.

> … 너희와 서로 통혼하게 하지 말라 그들이 반드시 너희의 마음을 돌려 그들의 신들을 따르게 하리라 … (왕상 11:2).

이스라엘뿐 아니라 모든 나라가 자기의 지혜와 능력을 의지하여 서로를 대항하고 맞서 싸우며 이기기를 갈망한다. 그러한 세상에서 사람이 가진 능력이나 실력을 성경은 칼이나 단창, 혹은 갑옷과 투구 등으로 비유한다.

특히, 다윗과 골리앗의 싸움이 그러하다. 다윗은 골리앗이라는 거대한 세상에 맞서 싸우는 그리스도인과 같다. 소년 다윗은 골리앗과 싸우면서 오히려 갑옷이나 투구를 벗어 던진다. 그리고 오직 하나님의 이름만으로 전장으로 나아갔다(삼상 17:39). 그런데도 그는 단숨에 골리앗을 제압해 승리를 쟁취한다.

세상 사람이 추구하는 방식이 우리를 부요케 하고 자유롭게 하며 나를 보호해 줄 것 같으나 도리어 우리를 부자유하게 얽어매고, 우리를 망하게 하는 것임을 주의하라. 그렇지 않으면 우리 안에 하나님은 사라지고 그분을 의지할 수도 없게 된다는 것을 기억해야 한다.

> 다윗이 이르되 여호와께서 나를 사자의 발톱과 곰의 발톱에서 건져내셨는 즉 나를 이 블레셋 사람의 손에서도 건져내시리이다(삼상 17:37).

소년 다윗의 영웅담을 떠들어대려 말하는 것이 아니다. 하나님을 믿는 성도 누구나 세상에 취해 소유한 자기 능력을 내려놓고 하나님을 의지하게 되면 골리앗과 같은 거대한 적장조차도 능히 쓰러뜨릴 수 있음을 강조하려는 것이다.

만일 다윗이 골리앗처럼 긴 칼에 갑옷으로 온몸을 무장했다면 그 싸움의 결과는 어떠했을까?

결과는 불 보듯 뻔하다.

약육강식!

세상과 세상 방식의 충돌이니 강자에게 다윗이 패하는 것이 인지상정이다.

우리는 무엇에 익숙해져 있는가?

세상 사람들이 의지하는 물질과 능력인가?

아니면 다윗처럼 순수하게 하나님의 이름만을 붙들며 세상과 단호하게 맞서 있는가?

세상 풍조에 물들어 우리의 삶이 마비되기 전에 가능하면 처음부터 세상에 발을 들여놓지 말아야 한다. 무조건 경계하는 것이 중요하다. 그리고 어떤 일이 있어도 오직 하나님의 말씀에 익숙하도록 그분만을 바라보며 의지하는 믿음에서 떠나지 않는 것이 참지혜이다.

그러면 소돔과 고모라를 만날 기회가 사라지게 되니 세상 풍조에 마음을 빼앗길 기회도 그만큼 줄어들 수 있지 않을까?

12. 갈릴리를 거부한 까닭

> 히람이 두로에서 와서 솔로몬이 자기에게 준 성읍들을 보고 눈에 들지 아니하여 이르기를 내 형제여 내게 준 이 성읍들이 이러한가 하고 이름하여 가불 땅이라 하였더니(왕상 9:11-13).

솔로몬은 하나님의 성전과 자기의 왕궁을 완공하기까지 이십 년 동안 건축에 필요한 물자들을 공급해 준 두로 왕 히람에게 감사의 표시로 갈릴리지역 일부 성읍을 선물했었다. 지혜의 왕이라 불리었던 솔로몬이 선택한 성읍은 대충 골라잡은 선물이 아니라 그들의 수고에 걸맞은 예우를 갖추어 성의를 표했던 것이리라.

그런데 히람의 반응을 보면 뭔가 이상하다. 그는 받은 땅을 두루 살펴보더니 눈에 들지 않는다며 솔로몬의 성의를 거절한다(대하 8:2). 무역을 발달시킨 두로 왕 히람은 전세계를 다니며 비옥한 땅과 발전된 성읍들을 두루 접했을 것이다. 이런 두로는 주변에서 인정할 만큼 건축 기술이 상당히 발전되어 있었다.

백향목이나 잣나무 등의 건축자재들이 즐비해 솔로몬의 왕궁과는 비교할 수 없을 만큼 크고 웅장한 건물들이 실재하였다. 그런 두로 왕 히람의 눈에 이스라엘의 외곽에 있는 갈릴리 지역의 성읍들이 그리 맘에 들 리가 없을 것이 분명하다.

성도에게는 검소한 소비 수준이 필요하다는 것이 나의 평소 지론이다. 히람과 같이 삶의 수준과 눈높이가 높아지게 되면 결국 낮은 자의 모습으로 이 땅에 오신 예수님을 알아보지 못할 위험에 빠질 수 있기 때문이다.

> 이제는 우리의 기력이 다하여 이 만나 외에는 보이는 것이 아무것도 없도다 하니(민 11:6).

성경은 출애굽 과정에서 이스라엘 백성이 하나님이 인도하시는 광야의 삶에 쉽게 적응하지 못하는 모습을 숨기지 않았다(민 21:5). 그 가운데 하나는 광야에서 아무런 수고함 없이 날마다 제공되는 일용할 양식 만나를 지겨워하며 불만을 토로하는 장면이다.

충격적인 것은 노예로 살던 애굽에서 제공한 고기가 그립다며 모세에게 불만을 토로하는 모습은 압권이었다. 온갖 노역으로 고통에 시달리며 신음하던 이스라엘이 아무 수고함 없이 배부르게, 조금도 부족함이 없이 날마다 먹을 것을 제공하시는 하나님께 감사는커녕 마음에 들지 않는다며 사소한 문제에도 참지 못하고 불만을 분출하는 것을 보면 이들이 얼마나 이기적이었는가를 알 수 있게 해 준다. 이전보다 나아진 삶의 수준에도 불구하고 더 맛있고 더 좋은 음식으로 배 불리고자 하는 욕망으로 눈이 멀어 하나님의 은혜가 거부당하게 되는 것은 참으로 안타까운 실상이다.

히람이 거절한 갈릴리지역 성읍은 어디인가?

장차 예수님 사역의 근거지가 되는 곳이다. 예수님은 이곳과 가까운 갈릴리 가나에서 물을 포도주가 되게 하시는 첫 번째 기적을 행하시기도 하신다(요 2:11). 만약 히람이 선물로 받은 땅을 겸손하게 감사함으로 취하였다면 그의 땅이 된 갈릴리에서의 구원 역사는 어떠했을지 궁금해진다.

어쩌면 그의 후손이 그리스도이신 예수님을 가장 먼저 맞이하고 메시아를 믿을 기회도 얻게 되지 않았을까?

늘 겸손하게 스스로 낮은 자의 모습으로 살기를 힘써야 한다. 화려한 애굽을 지향하기보다 빈들과 광야를 바라볼 수 있어야 한다. 하나님의 은혜는 낮은 곳에 임하기 때문이다.

13. 구원의 훼방자 아히만, 세새, 달매

이스라엘 백성이 가나안 땅에 입성하기 위해 정탐을 나섰을 때, 헤브론에서 가나안을 포기하도록 두려움에 떨게 했던 존재가 있었다. 바로 아낙 자손의 후손인 아히만과 세새 그리고 달매라고 하는 거인들이다. 정탐하러 갔던 이스라엘을 대표하는 열 명은 견고한 헤브론 성읍 거주민들의 기골이 장대한 신장으로 인해 간담이 녹아버렸다(민 13:21-22).

> 거기서 네피림 후손인 아낙 자손의 거인들을 보았나니 우리는 스스로 보기에도 메뚜기 같으니 그들이 보기에도 그와 같았을 것이니라(민 13:33)

결국, 아히만과 세새 그리고 달매를 두려워하여 가나안을 악평했던 이스라엘 방백들로 인해 하나님을 향한 백성의 원망은 거세졌고 부르짖는 통곡 소리가 밤새 그치지 않았다. 그 결과 하나님은 원망하는 백성에게 정탐했던 사십 일의 하루를 일 년으로 계산해 사십 년 동안 광야에서 방황하며 고난의 시간을 보내도록 결정하셨다.

가나안 입성을 원망하고 방해하게 만들어서 문턱도 밟지 못하게 하였던 아히만과 세새 그리고 달매는 그리스도인의 신앙생활에서 무엇을 상징하는 것일까?

그들의 이름이 가지고 있는 뜻을 살펴보면 흥미로운 사실을 발견하게 된다. 먼저 아히만은 '운명', '미래'(미래를 향한 두려움)를, 세새는 '애굽 왕 시삭'처럼 '태양신'(능력과 물질)을, 마지막으로 달매는 '밭고랑'(소유물)을 의미한다. 하나같이 성도들의 일상생활과 밀접하게 연결되는 주변 환경의 다양한 요소들이다. 언제든지 쉽게 유혹에 빠질 수 있는 문제(우상)들이라는 것을 금방 알 수 있다.

이스라엘 백성이 가나안 땅(천국)의 문턱을 넘지 못했던 이유는 단순히 겉으로 드러난 거인들의 장대한 기골 때문만은 아니라는 것이다. 돈과 권력, 미래를 향한 두려움 그리고 소유물이 가지는 힘을 하나님보다 더 크게 보기 때문에 여기에 현혹되어 하나님 나라(천국)를 포기하게 만드는 것이다.

하나님은 이와 같은 자들에게 여전히 가나안 땅을 허락하지 않으시는 분이다. 하나님 나라를 향해 가는 성도들이 목적을 상실해 천국보다 돈을 더 사랑한다든지, 아이들의 교육이나 자기의 성공을 더 중요하게 여기는 일들이 빈번하게 일어나고 있다. 그뿐만 아니라 자기가 가진 소유를 잃게 될까 하는 두려움 때문에 신앙은 뒷전으로 미루는 이들도 허다하다.

세상의 온갖 유혹이 밀려올 때마다 아히만과 세새 그리고 달매를 기억했으면 한다. 물질이나 소유, 미래에 대한 두려움 때문에 하나님 나라를 소망하면서도 들어가기를 거부하며 스스로 속이는 것은 이중적인 이스라엘 백성의 모습과 다름이 없다. 하나님은 그와 같은 이들에게 여전히 가나안 땅(천국)을 허락하지 않으신다는 것을 기억해야 한다.

14. 받은 말씀에 순종하라

> 내 아들아 내 말에 주의하며 내가 말하는 것에 네 귀를 기울이라 그것을 네 눈에서 떠나게 하지 말며 네 마음속에 지키라(잠 4:20-21).

하나님의 말씀을 받은 후에 집으로 가려고 승합차에 올랐다. 나는 습관적으로 스마트 폰을 켠 뒤, 이것저것을 보며 집에 가는 시간이 지루하지 않도록 인터넷 서핑을 즐겼다. 그리고 집에 도착할 때쯤 문득 이런 생각이 들었다.

'오늘, 무슨 말씀을 들었지?'

방금 스마트 폰으로 본 것들은 기억나는데 이상하게도 말씀은 하나도 기억에 남아 있지 않았다. 분명히 은혜를 받은 것 같았는데 어리석게도 마음속에 담아온 말씀은 하나도 남아 있지 않다는 것을 알게 되었다.

무엇 때문일까?

분명히 예배 시간 내내 '아멘!'을 외치면서 열심히 말씀을 들었는데 집으로 돌아오는 20분 동안 핸드폰에 빠져 모든 말씀을 땅에 쏟아버리게 된 것이다.

많은 성도가 예배 시간에는 피곤해 하며 졸다가도 예배를 마치고 교회 주차장으로 나와 시동을 켜는 순간 언제 그랬냐는 듯이 사방으로 싸돌아다닌다. 안목의 정욕에 사로잡혀 화려한 세상 문화를 거침없이 흡수한 뒤 늦은 시간이 되어서야 겨우 집으로 돌아간다.

마귀는 지금도 이와 같은 방법으로 성도들을 유혹하고 있다. 받은 말씀을 집으로 가져가지 못하도록 말이다. 사단은 얼마나 교만한지 심지어 예수님께도 이렇게 시험한 것을 볼 수 있다.

> 그 때에 예수께서 성령에게 이끌리어 마귀에게 시험을 받으러 광야로 가사 사십 일을 밤낮으로 금식하신 후에 주리신지라 시험하는 자가 예수께 나아와서 이르되 … (마 4:1-3).

마귀는 사십 일 동안 금식하시면서 하나님과 교제하시고 말씀으로 충만하신 예수님을 찾아와서 받은 은혜를 빼앗기 위해 발악하는 모습을 보였다. 하지만 예수님의 시각은 오직 말씀에 집중되어 있었다.

사탄을 물리칠 때 큰 소리를 지르며 기도하는 것이 중요한 것이 아니다. 그저 잠잠히 우리의 시각을 전환해 하나님의 말씀에 집중하면 사탄은 떠나고 하나님의 평강이 내 마음을 지배하기 시작한다.

'매 주일 설교를 듣고 기도도 하는데 왜 변화가 더딜까?'

자주하게 되는 고민이다. 돌아보니 가장 중요한 것을 놓치며 살았다는 사실을 알았다. 바로 '시각!'이다. 하나님의 말씀에 집중하지 못하는 삶을 살아 왔다. 그래서 예배를 드리고 설교 말씀은 들어도 온갖 잡다한 것에 눈을 빼앗겨 받은 말씀을 잃어버리고 순종하는 믿음에 이르지 못한 것이다.

'신앙'과 '시각'은 밀접한 관계가 있다. 무엇을 보든지 그것은 마음을 지배하며 사람의 몸을 조종할 가능성이 있기 때문이다. 그래서 올바른 '시각'을 갖는 것이 중요하다고 말하고 싶다. 전심으로 하나님을 향해 눈을 들면 하나님은 나를 귀하게 여기셔서 말씀하시고 그 말씀으로 인해 주님의 영광을 드러내는 힘을 얻게 하신다.

하나님의 말씀을 마귀에게 빼앗기지 않고 순종까지 이르는 삶을 살아 내고 싶은가!

그렇다면 이제부터 힘을 다해 보는 눈을 지켜가라. 하나님과 말씀에 집중하면 분명코 후회하지 않게 될 것이다.

15. 공식 없는 해답

> 시몬이 사도들의 안수로 성령 받는 것을 보고 돈을 드려 이르되 이 권능을 내게도 주어 누구든지 내가 안수하는 사람은 성령을 받게 하여 주소서 하니 베드로가 이르되 네가 하나님의 선물을 돈 주고 살 줄로 생각하였으니 네 은과 네가 함께 망할지어다(행 8:18-20).

세상에는 수고의 과정 없이 좋은 결과에만 목을 매는 사람들이 더러 있다. 자칭 큰 자라 말하고 있는 시몬 역시 결과에 목을 매는 사람 중 하나였다. 빌립을 만나기 전까지만 해도 그의 마술은 낮은 사람부터 높은 사람까지 다 따를 정도로 탁월했었다. 사람들은 그를 크다 하였고, 그의 마술을 하나님의 능력이라 하며 칭송을 아끼지 않았다.

그런데 어느 날, 빌립이 나타나면서 그의 명성이 위협을 받기 시작했다. 빌립은 성령의 능력으로 표적을 행하였고, 귀신들을 쫓아내며 많은 병자를 고쳤다. 그러자 사람들은 그에게 세례를 받고 따르기 시작했고, 이를 지켜보는 시몬의 마음은 흔들렸다. 드디어 시몬은 무슨 생각을 했는지 빌립을 찾아가 세례를 받고 빌립을 따르기 시작했다. 그때 시몬은 빌립에게서 나타나는 표적과 능력을 보며 놀라지 않을 수 없었다.

빌립의 소문은 예루살렘의 사도들에게도 전해졌고, 사마리아에서 말씀을 받았다는 소식을 들은 사도들은 베드로와 요한을 이곳으로 보내는데, 사마리아에 도착한 두 사도는 세례만 받은 이들에게 안수하여 성령을 받게 했다. 이 모습을 지켜보던 시몬은 사도들에게 돈으로 성령을 사서 자기도 사람들에게 성령을 받게 하는 기적을 보이며 인정받으려 했다.

성령은 돈이나 물질로 살 수 있는 것이 아니라 회개하고 예수님을 나의 주님으로 영접하는 과정에서 부어지는 것인데 시몬은 보이지 않는 이 과정을 전혀 생각하지 않았다. 할 수만 있다면 돈을 이용해서라도 성령을 받아 자기도 사도들과 같은 능력을 사람들에게 행하는 자가 되기를 원한 것이다.

그러자 베드로는 그를 책망하고 저주하며 이렇게 말한다.

> 하나님의 선물을 돈 주고 살 줄로 생각하였으니 네 은과 네가 함께 망할지어다. 하나님 앞에서 네 마음이 바르지 못하니 이 도에는 네가 관계도 없고 분깃 될 것도 없느니라. 그러므로 너의 이 악함을 회개하고 주께 기도하라. 혹 마음에 품은 것을 사하여 주시리라. 내가 보니 너는 악독이 가득하며 불의에 매인 바 되었도다(행 8:20-23).

결과는 과정 없이 생겨나지 않는다. 더군다나 구원은 회개의 과정 없이 얻을 수 있는 것이 아니다. 성령의 능력 또한 마술과 같은 인기를 위해 돈으로 살 수 있는 것이 아니다. 그리스도인은 성령의 권능을 받아 능력을 행하고 사람들에게 칭송받는 결과가 중요한 것이 아니라 회개하므로 말씀을 따르고 변화되는 과정이 더욱 중요한 것이다.

그래서인지 성경은 구원을 단번에 완성된 것으로 다루기보다 완성되어 가는 미래 지향적인 시제로 이렇게 언급했다.

항상 복종하여 두렵고 떨림으로 너희 구원을 이루라(빌 2:12).

혹시 온전하지 않은 믿음으로 인해 하나님께 버림받을까 두려운 마음을 가지고 있는가?

그렇다면 날마다 나의 삶을 점검해 말씀으로 살아 가기를 힘써야 한다. 예수님을 믿는다는 말 한마디에 구원받았다며 이제 무조건 천국에 간다고 외치는 착각에 빠진 이단(구원파)은 하나님이 어떤 분이신지, 어떻게 믿음으로 살아 가야 하는지를 바르게 가르치지 않는다. 한번 구원받게 되면 삶과 믿음이 어떻게 되든지 끝이라는 식으로 성경과는 다른 길로 대체해 버렸다.

하나님은 여전히 구원의 여정(과정)을 정말로 중요하게 다루시는 분이다!

어떤 성도들은 '예수님이 십자가에 못 박혀 죽임당하실 때 구원받았던 강도처럼 인생 마지막 때쯤 회개하고 구원받으면 되지 않느냐'고 얄팍한 주장을 하기도 한다. 하지만 어느 누가 삶의 끝이, 즉 죽음이 언제, 어느 때 올지 그래서 과연 구원받을 준비를 하고 맞이할 수 있을지 어떻게 장담할 수 있겠는가.

십자가에서 죄를 고백한 강도에게는 죽음 직전에 예수님께 하나님 나라를 구하는(과정) 간절함과 고백이 짧지만 분명하게 있었다.

> 이르되 예수여 당신의 나라에 임하실 때에 나를 기억하소서 하니 (눅 23:42).

그리고 그런 그가 예수님을 비방한 강도에게 "하나님이 두렵지 않느냐"라고 외칠 수 있던 것은 늘 한편에 두려운 마음을 가지고 살아 왔다는 것을 증명하는 것이기도 하다.

예수님을 믿는 그리스도인들 모두 신앙 고백에 합당한 과정을 중요하게 다루며 살기를 소망한다. 하루하루 천국을 기대하며 하나님께 영광 돌리기에 합당한 여정이 우리 안에 넘쳐나 아름다운 여정(과정)을 사는 성도가 되기를 기대한다.

16. 이방인과 통혼하지 말며

> 여호와께서 일찍이 이 여러 백성에 대하여 이스라엘 자손에게 말씀하시기를 너희는 그들과 서로 통혼하지 말며 그들도 너희와 서로 통혼하게 하지 말라 그들이 반드시 너희의 마음을 돌려 그들의 신들을 따르게 하리라 하셨으나 솔로몬이 그들을 사랑하였더라(왕상 11:2).

이스라엘 백성에게 있어 이방인과의 통혼은 금기사항이다. 하나님이 세상 사람들과의 결합을 얼마나 단호히 거부하시는지 "통혼"이라는 히브리 원어를 이해하면 쉽게 알 수 있다. "통혼"은 '우연히 만나다'라는 뜻으로 쓰인 히브리어 동사 '타보우'에서 왔다. 이는 우연이라도 이방 사람들과 섞여 교제하는 것조차 금하시는 하나님의 적극적인 뜻을 담고 있는 단어다.

하지만 믿음의 선조들은 이러한 하나님의 명령을 자주 어겼다. 블레셋 여인과 혼인했던 삼손이나 외교적인 이유로 여러 이방 여인과 혼인했던 솔로몬의 죄악은 누구나 잘 아는 사건이다.

> 왕은 후궁이 칠백 명이요 첩이 삼백 명이라 그의 여인들이 왕의 마음을 돌아서게 하였더라(왕상 11:3).

하나님의 명령을 어기고 이방 여인과 통혼한 그들의 결과는 어떻게 되었는가?

하나님과의 관계가 단절되지 않았던가?

관계는 마음을 반영한다. 하나님과의 관계를 추구하는 것은 하나님을 향한 깊은 마음에서부터 시작되는 것이다. 그러므로 하나님과 깊은 사귐으로 나아가려면 이방인과의 관계가 정리되어야 한다. 그래야만 하나님께 집중할 수 있기 때문이다.

솔로몬의 첩과 후궁의 합은 천 명이었다.

그들과의 관계에 사로잡힌다면 어떻게 하나님과 깊이 있는 교제가 이루어질 수 있을까?

그것은 불가능에 가까운 일이다.

> 솔로몬 왕이 에돔 땅 홍해 물가의 엘롯 근처 에시온게벨에서 배들을 지은지라 히람이 자기 종 곧 바다에 익숙한 사공들을 솔로몬의 종과 함께 그 배로 보내매(왕상 9:26-27).

솔로몬은 히람과 교제함으로 배를 만들었고, 그로 인해서 큰 수익도 생겼다. 하지만 유익만 있었던 것은 아니었다. 그 배로 전 세계를 돌아다니며 다양한 세계와 교제하는 더 넓은 길도

얻었다. 그러나 하나님과는 그만큼 더 소홀함이 생겨날 수밖에 없었을 것이다.

아무리 유익을 주는 사람이라 할지라도 하나님과 나와의 관계에 도움을 주지 못한다면 거리를 두어야 한다. 믿음이 훌륭한 사역자처럼 보여도 하나님과 내가 멀어지게 하는 원인이 된다면 우연이라도 함께하지 않는 것이 유익하다. 만일 이를 가벼이 여긴다면 하나님을 사랑하는 마음이 사람에게 옮겨가게 되고 그토록 원하는 천국과는 점점 멀어지게 될 것이다.

에필로그

> 무리가 물어 가로되 그러하면 우리가 무엇을 하리이까 대답하여 가로되 옷 두 벌 있는 자는 옷 없는 자에게 나눠줄 것이요 먹을 것이 있는 자도 그렇게 할것이니라 하고(눅 3:10-11).

세례 요한은 종교적인 외식에 사로잡혀 세례를 받으려는 바리새인을 "독사의 자식"이라고 칭하고 "회개에 합당한 열매"를 맺으라며 윽박질렀다(눅 3:7-8). 선민의식에 사로잡혀 스스로 정결하며, 죄에 대해 무흠하다고 착각하던 그들에게 울리는 경종이었다.

그렇다면 요한이 강조한 회개의 합당한 열매는 과연 무엇인가?

바리새인들이 믿었던 것처럼 개인의 경건함을 선전하기 위해 율법과 씨름하며 죄의 욕구를 억누르는 극기 차원의 신앙이 참회의 열매란 말인가?

"옷 두 벌 있는 자는 옷이 없는 가난한 자들에게 나누어 줄 것이요"(눅3:11). 성경이 말하는 회개의 열매는 두 벌 옷을 가난한 자들에게 나누는 구제로 귀결된다. 남의 것을 빼앗아 필요

이상의 부를 축적하므로 그리스도 안에서의 통일을 깨뜨리게 되고 그로 인해 소외되고 가난한 자들을 양산한 것이 아이러니하게도 하나님을 섬긴다는 바리새인이었다.

하지만 그중에는 세례 요한의 쓴소리를 수용한 자들이 있었다. 하나님의 영광을 개인의 부와 명예로 착각했던 자들이 오직 말씀으로 회심해 자기의 것을 어려운 형편의 이웃에게 나누어 주었다.

글을 마무리하던 중, 구 년 전 필리핀으로 단기 선교를 떠났던 부끄러운 기억이 떠올랐다. 한 주간의 사역을 마감한 뒤에 맛있는 바비큐를 먹으러 식당으로 향했다. 그때 얼마나 배가 고팠던지 정신없이 배를 채우기 시작했다. 그러다가 문득 고개를 들어 창밖을 보게 되었는데 행색이 남루한 두 아이가 유리창에 손을 대고 날 쳐다보고 있는 것이 아닌가. 운명의 장난처럼 두 아이와 눈이 정면으로 마주쳤다. 순간 두 생각이 교차했다.

'그들의 애처로운 눈빛을 모른 채 무시하고 계속 바비큐를 먹을까 아니면 닭 다리 한쪽을 떼어 주어야 할까?'

당신의 기대와 달리 나는 그날, 그들의 애처로운 시선을 무시했다. 그리고 배부르게, 식사를 마쳤다. 그리고는 여유 있게 식당을 나와 남매를 찾아보았다. 이미 아이들이 자리를 떠난 뒤에 말이다.

그때의 일을 기억하게 하시며 하나님은 이기적인 나를 바라보시는 당신의 마음을 깨닫게 하셨다. 하나님의 말씀을 전하는 일은 누구나 할 수 있다. 하지만 자기의 것을 떼어 가난한 이들과 나누는 일은 아무나 할 수 있는 일이 아니다.

하나님은 지금도 축복을 독식하며 살아 가는 많은 성도와 목회자들에게 이렇게 말씀하고 있지 않으실까?

'네 것을 떼어 가난한 자들에게 주고 너는 나를 따르라' 부디 우리 인생에서 하나님 한 분만이 가장 중요한 가치가 되신다는 것을 깨달아 오직 하나님과 맡겨 주신 가난한 이웃을 위해 내 것을 나누므로 회개의 열매를 가득 맺게 하는 일에 이 책이 작은 일조를 할 수 있다면 그것으로 만족한다.

하나님!
이제까지 철없는 목사를 가르치시고
사랑해 주셔서 감사합니다.
하나님께서 주신 은혜를 독식하며
이기심 가득했던 지난날을 회개합니다.
앞으로 하나님께 효도 많이 하는 제가 될게요.
아버지, 사랑합니다.